AF453297

QUESTIONS

DE GÉOGRAPHIE

AVIS.

Tout exemplaire de cet ouvrage non revêtu de ma griffe, sera réputé contrefait.

L. Hachette

Paris. — Imprimerie Panckoucke, rue des Poitevins, 14.

QUESTIONS
DE GÉOGRAPHIE

POUR L'EXAMEN

DU BACCALAURÉAT ÈS LETTRES

développées dans l'ordre du programme officiel

PAR

E. CORTAMBERT

PROFESSEUR DE GÉOGRAPHIE

Nouvelle Édition

PARIS

CHEZ L. HACHETTE

LIBRAIRE DE L'UNIVERSITÉ ROYALE DE FRANCE

Rue Pierre-Sarrazin, n° 12

1846

QUESTIONS

DE GÉOGRAPHIE.

PROLÉGOMÈNES.

I.

1. DE LA GÉOGRAPHIE EN GÉNÉRAL, ET DE SES DIVISIONS. — 2. GÉOGRA-PHIE ASTRONOMIQUE ET MATHÉMATIQUE. — 3. GÉOGRAPHIE PHYSIQUE. — 4. GÉOGRAPHIE POLITIQUE ET HISTORIQUE.

§ 1. De la géographie en général, et de ses divisions.

La géographie est la description de la Terre. — Suivant les rapports sous lesquels on considère la Terre ou ses diverses parties, cette science se divise en *géographie astronomique et mathématique*, *géographie physique*, *géographie politique et historique*.

§ 2. Géographie astronomique et mathématique.

Cette partie de la géographie traite des rapports de la Terre avec le reste de l'univers. Elle décrit les astres d'une manière générale, et fait connaître les mouvements, la forme et les dimensions de notre globe ; les moyens de déterminer exactement la situation des lieux, la distribution de la chaleur et de la lumière sur la Terre. Cette géographie prend aussi le nom de *cosmographie*.

§ 3. Géographie physique.

La géographie physique traite des divisions naturelles du globe, de la configuration du sol, des eaux courantes et stagnantes ; souvent aussi elle indique les richesses naturelles et les phénomènes atmosphériques des diverses contrées.

§ 4. Géographie politique et historique.

Cette branche de la géographie s'occupe des divisions que les hommes ont établies sur la surface du globe aux diverses époques de l'histoire, et des états entre lesquels la Terre est aujourd'hui partagée ; elle fait connaître les groupes d'habitations, les relations que les divers peuples ont entre eux, leur industrie, leur commerce, leurs lois, leurs mœurs, leurs gouvernements.

II.

GÉOGRAPHIE ASTRONOMIQUE ET MATHÉMATIQUE. — 1. CORPS CÉLESTES. — 2. DONNER UNE IDÉE SOMMAIRE DU SYSTÈME SOLAIRE : LE SOLEIL, LES PLANÈTES ET LEURS SATELLITES, LES COMÈTES. — 3. LA TERRE, SA PLACE, SA FORME, SA GRANDEUR, SON DOUBLE MOUVEMENT.

§ 1. Corps célestes.

Nous voyons briller dans le ciel d'innombrables astres : celui qui nous frappe le plus par son éclat est le Soleil, qui répand sa chaleur et sa lumière sur la Terre et sur un certain nombre d'autres globes. Ces globes et la Terre sont appelés *planètes* (c'est-à-dire *corps errants*), parce qu'ils tournent autour du Soleil : ils composent avec celui-ci le *système solaire*, appelé aussi quelquefois *système planétaire*. Au delà de ce système, se trouvent une infinité d'astres qui brillent de leur propre éclat, comme autant de soleils : ce sont les *étoiles*, qui lancent une lumière vive et scintillante, bien différente de la lumière douce et tranquille des planètes, empruntée tout entière du Soleil. Une distance énorme nous sépare de ces astres ; on a calculé que les plus rapprochés de la Terre n'en sont pas à moins de 7 trillions de lieues. Pour se reconnaître au milieu de la prodigieuse quantité des étoiles, on les a classées en plusieurs groupes ou *constellations*, telles que la *Grande Ourse*, la *Petite Ourse*, dont fait partie l'étoile polaire ; *Orion*, le *Grand Chien* ou la *Canicule*, où se trouve la belle étoile de Sirius ; et les douze constellations ou signes du *zodiaque*, formant une sorte de bande circulaire, en face de laquelle la Terre fait sa révolution ; le Soleil paraît répondre aux différents points de cette bande dans son mouvement apparent annuel, produit par le déplacement réel de la Terre ; ces signes sont : le Bélier, le Taureau, les Gémeaux, le Cancer, le Lion, la Vierge, la Balance, le Scorpion, le Sagittaire, le Capricorne, le Verseau, et les Poissons.

§ 2. Idée sommaire du système solaire.

Le centre du système solaire est occupé par le Soleil. Autour de cet astre tournent onze planètes, savoir : Mercure, Vénus, la Terre, Mars, Vesta, Junon ou Harding, Cérès ou Piazzi, Pallas ou Olbers, Jupiter, Saturne, et Uranus ou Herschel.

Il faut faire sur ces planètes les remarques suivantes :

Deux seulement (Mercure et Vénus) sont plus rapprochées du Soleil que la Terre, et se nomment *planètes inférieures*. Les autres, plus loin du Soleil que nous, sont les *planètes supérieures*.

On n'a découvert que dans les temps modernes Vesta, Junon, Cérès, Pallas et Uranus.

Mercure, la planète la plus rapprochée du Soleil, est à 13 millions de lieues (1) de cet astre ; Uranus, la planète la plus éloignée, s'en trouve à 660 millions de lieues ; la Terre en est à 35 millions de lieues.

La Terre emploie une année à parcourir son *orbite*, c'est-à-dire à faire une révolution complète autour du Soleil ; Mercure accomplit la sienne en trois mois, qui forment dans le fait son année ; Uranus exécute son tour immense en 84 ans ; Saturne fait sa révolution en 29 ans 4 mois ; Jupiter, en 11 ans 10 mois ; etc.

Jupiter, la plus grosse des planètes, est 1280 fois aussi gros que la Terre ; Mercure n'est que le 16ᵉ de notre globe ; Vesta, Junon, Cérès et Pallas sont beaucoup plus petites encore, et ne peuvent être aperçues qu'avec le secours du télescope : aussi les appelle-t-on *planètes télescopiques*. Quant au Soleil, il est à peu près 1,400,000 fois aussi gros que la Terre.

Les planètes, en même temps qu'elles tournent autour du Soleil, tournent sur elles-mêmes ; elles ont donc deux mouvements : l'un de *révolution autour du Soleil*, l'autre de *rotation sur elles-mêmes*. L'orbite que chaque planète décrit autour du Soleil n'est pas tout à fait circulaire, mais elliptique ; et le Soleil n'est pas placé au centre de cette ellipse. Le point où une planète est le plus près du Soleil se nomme *périhélie ;* celui où elle en est le plus éloignée s'appelle *aphélie*. On dit qu'un astre se trouve en *périgée* lorsqu'il est à sa plus grande proximité de la Terre ; et dans son *apogée* lorsqu'il en est le plus loin.

Les *satellites* sont des astres qui circulent autour de quelques-unes des planètes. Jupiter a quatre satellites ; Saturne en a sept, et il est, en outre, accompagné d'un immense anneau. On a découvert six satellites autour d'Uranus ; et la Terre n'en a qu'un seul, qui est la *Lune*.

La Lune est à environ 85,000 lieues de la Terre ; elle fait sa révolution autour de cette planète dans l'espace de 29 jours et demi, c'est-à-dire d'à peu près un mois. Elle reçoit, comme nous, sa lumière du Soleil, et nous présente, suivant sa position, différentes apparences, qu'on appelle *phases :* quand elle se trouve entre le Soleil et la Terre, elle ne tourne vers nous que sa partie obscure : on l'appelle alors *nouvelle Lune ;* sept ou huit jours après, elle nous montre la moitié de sa portion éclairée : c'est ce qu'on nomme le *premier quar-*

---

(1) Lieues communes, de 25 au degré. Ce sont celles que nous emploierons dans tout le cours de ces *Réponses aux questions de géographie.*

tier ; environ quinze jours après la nouvelle Lune, nous voyons ce satel-
lite dans une direction opposée au Soleil, et toute sa surface éclairée est
tournée vers nous : on appelle cette phase *pleine Lune*; ensuite nous
voyons peu à peu le côté lumineux de la Lune devenir moins grand ;
bientôt elle ne nous offre plus que la moitié de sa partie éclairée : ce qui
forme le *dernier quartier* ; enfin la Lune revient se placer en face du
Soleil : la nouvelle Lune recommence, etc.

Il y a, en outre, dans le système solaire un assez grand nombre de
comètes; ces astres tournent autour du Soleil, en décrivant des orbites
très-irrégulières, très-allongées et généralement peu connues; elles sont
enveloppées et quelquefois entièrement composées d'une sorte de né-
bulosité ou chevelure brillante (d'où elles ont tiré leur nom), et elles
sont ordinairement accompagnées d'une queue, c'est-à-dire d'une longue traînée lumineuse. Tantôt elles se rapprochent beaucoup du Soleil,
tantôt elles s'en éloignent à des distances prodigieuses.

§ 5. La Terre, sa place, sa forme, sa grandeur, son double mouvement.

La Terre est une des moins considérables des onze planètes du système solaire; elle n'est qu'un des plus petits globes répandus dans l'espace, et qu'un point dans l'immensité de l'univers. Elle a une forme
ronde. On éprouve d'abord quelque répugnance à le croire; car les
hauteurs et les profondeurs qu'on y remarque dans certaines parties
semblent en faire une masse très-irrégulière; ailleurs elle paraît plate
et non arrondie. Il y a cependant des preuves nombreuses de la
véritable forme de la Terre, et l'on doit faire particulièrement les
réflexions suivantes : 1° Si nous examinons les astres du système solaire, nous les voyons tous sphériques : pourquoi notre planète serait-
elle seule d'une forme différente ? — 2° En rase campagne et en pleine
mer, lorsque aucune élévation ne s'offre devant nous, notre vue ne
s'étend cependant pas, sur la surface terrestre, à une bien grande distance, mais seulement à quelques lieues; elle est bornée par la circonférence d'un cercle qu'on appelle *horizon*; au delà, nos rayons
visuels quittent la Terre pour se perdre dans les espaces célestes : cette
limite de la vue ne peut être produite que par la courbure du globe.

La Terre n'est cependant pas très-exactement ronde : elle a seulement
la forme d'un *sphéroïde*; on a reconnu qu'elle est un peu aplatie aux pôles
et renflée à l'équateur. Quant aux montagnes et aux vallées, qui paraissent donner à la Terre une figure irrégulière, elles sont peu de chose
pour le volume général du globe, et elles ne sont pas plus sensibles sur
sa surface que les rugosités sur la peau d'une orange.

La circonférence de la Terre est de 9,000 lieues; le diamètre moyen
est de 2,865 lieues 1/2 ; le plus grand diamètre, celui de l'équateur, a
2,870 lieues; le plus petit, celui des pôles, 2,861 lieues.

La Terre a, comme les autres planètes, un double mouvement : elle
tourne sur elle-même, et autour du Soleil. Le mouvement qu'elle fait
sur elle-même, c'est-à-dire sa rotation, s'accomplit en 24 heures, et
donne naissance à l'alternative du *jour* et de la *nuit*, et à la succession

des *heures*. Sa révolution autour du Soleil s'accomplit en 365 jours et environ 6 heures : c'est ce qui forme l'*année*.

III.

1. SPHÈRES CÉLESTE ET TERRESTRE. — LEURS PRINCIPAUX CERCLES. — 2. AXE, POLES. — 3. ÉCLIPTIQUE. — 4. ÉQUATEUR. — 5. TROPIQUES, CERCLES POLAIRES, PARALLÈLES. — 6. MÉRIDIENS. — 7. HORIZONS VISUEL ET RATIONNEL. — 8. ZÉNITH ET NADIR. — 9. HÉMISPHÈRES. — 10. POINTS CARDINAUX. — ROSE DES VENTS. — 11. LATITUDE ET LONGITUDE. 12. CLIMATS. — 13. USAGE DES GLOBES ET DES CARTES. — 14. ÉCHELLES. — MESURES ITINÉRAIRES.

§ 1. Sphères céleste et terrestre. — Leurs principaux cercles.

Le mot *sphère* signifie boule, globe, et peut servir à désigner la Terre elle-même ; cependant on l'applique plus particulièrement à des machines composées surtout de différents cercles propres à expliquer les mouvements vrais ou apparents du ciel. On distingue deux principales sphères : celle de *Copernic* et celle de *Ptolémée*. La première montre le véritable système solaire, tel que Copernic l'a fait connaître, c'est-à-dire ayant le Soleil au centre, et les planètes disposées autour de cet astre ; la sphère de Ptolémée, qu'on appelle aussi *sphère armillaire*, présente à son centre la Terre, et, tout autour, des cercles destinés à l'explication de divers phénomènes relatifs aux saisons, à la mesure du temps, etc. : les principaux de ces cercles sont le zodiaque, dont nous avons déjà donné l'explication, et l'équateur, les tropiques, les cercles polaires, le méridien, l'horizon, dont nous parlerons bientôt.

§ 2. Axe, pôles.

La ligne imaginaire sur laquelle la Terre tourne, et qu'on peut comparer à un essieu de roue, se nomme *axe*. L'axe se termine en deux points qu'on appelle *pôles* : l'un de ces pôles a été surnommé *arctique*, parce qu'il est placé vers les groupes d'étoiles qu'on nomme la Grande et la Petite Ourse (ourse, en grec, se dit *arctos*) ; l'autre est le pôle *antarctique*.

§ 3. Écliptique.

On donne le nom d'*écliptique* à l'orbite que parcourt la Terre ; ce cercle est tracé dans le plan du zodiaque.

§ 4. Équateur.

Ce cercle, qu'on appelle aussi *ligne équinoxiale*, est placé à égale distance des deux pôles, et coupe le globe en deux parties égales.

§ 5. Tropiques, cercles polaires, parallèles.

Les *parallèles* sont des cercles parallèles à l'équateur. Il y a autant de parallèles qu'il peut y avoir de points diversement éloignés de l'équateur : par conséquent le nombre de ces cercles est infini. Il est quatre parallèles qu'on distingue par des noms particuliers : ce sont les *tropiques du Cancer* et *du Capricorne*, le premier au nord, le second au sud de l'équateur ; et les *cercles polaires arctique et antarctique*, aussi éloignés des pôles que les tropiques le sont de l'équateur. Les tropiques et les cercles polaires servent à diviser la Terre en cinq zones : la *zone torride*, renfermée entre les deux tropiques, et exposée aux rayons perpendiculaires du Soleil ; la *zone tempérée boréale*, entre le tropique du Cancer et le cercle polaire arctique ; la *zone tempérée australe*, entre le tropique du Capricorne et le cercle polaire antarctique ; enfin les deux *zones glaciales arctique et antarctique*, qui s'étendent des cercles polaires aux pôles.

§ 6. Méridiens.

Un *méridien* est un cercle qui coupe l'équateur perpendiculairement et qui passe par les pôles. Tous les points qui se trouvent sous un méridien donné ont midi en même temps. Or, comme la Terre tourne dans le sens de l'équateur et des parallèles, il y a autant de méridiens qu'il peut y avoir de points sur l'équateur ou sur un parallèle, c'est-à-dire de points qui ont midi les uns après les autres. Ainsi, le nombre des méridiens est infini.

(Il faut remarquer que l'apparente voûte sphérique du ciel correspond dans toutes ses parties à la surface de la Terre, et que l'axe, les pôles et les cercles que nous venons de décrire s'appliquent, en s'étendant, à cette sphère céleste ; ainsi, le prolongement de l'axe terrestre forme ce qu'on appelle l'axe du monde, et les points de la voûte céleste où aboutit cet axe sont les pôles du monde ; l'équateur, les méridiens, les tropiques, etc. , répondent à de semblables cercles qui partagent le ciel sous les mêmes dénominations.)

§ 7. Horizons visuel et rationnel.

L'*horizon visuel* ou *sensible* est le cercle dont la circonférence est la limite naturelle de notre vue tout autour de nous ; il sépare la partie visible du ciel de la partie invisible pour chaque observateur, et celui-ci en occupe toujours le centre, dans quelque lieu du globe qu'il se transporte. — On nomme *horizon rationnel* un grand cercle qui est parallèle à l'autre sorte d'horizon, et qui passe par le centre de la Terre.

§ 8. Zénith et nadir.

Le point du ciel qui est perpendiculairement au-dessus de l'observateur se nomme *zénith* : le *nadir* est le point diamétralement opposé.

§ 9. Hémisphères.

L'équateur divise la Terre en deux *hémisphères* : l'un *septentrional*, l'autre *méridional*. — Chaque méridien la divise en hémisphères *oriental* et *occidental*.

§ 10. Points cardinaux. — Rose des vents.

On a établi sur l'horizon quatre *points cardinaux :* 1° le *nord* ou *septentrion*, à peu près dans la direction des constellations des Ourses ; 2° le *sud*, qui se nomme aussi *midi*, parce qu'il est du côté où, dans nos climats, nous voyons le Soleil à midi ; 3° l'*est*, *levant* ou *orient*, vers lequel on voit le Soleil se lever ; 4° l'*ouest*, *couchant* ou *occident*, vers lequel le Soleil semble se coucher (1).

Entre ces quatre points on en suppose quatre autres, qu'on nomme *points collatéraux* : le *nord-est*, le *nord-ouest*, le *sud-est* et le *sud-ouest*. — On se sert encore fréquemment de huit autres points intermédiaires : le *nord-nord-est*, le *nord-nord-ouest* ; l'*est-nord-est*, l'*est-sud-est* ; le *sud-sud-est*, le *sud-sud-ouest* ; l'*ouest-sud-ouest* et l'*ouest-nord-ouest*. Seize autres points, le *nord* 1/4 *nord-est*, le *nord* 1/4 *nord-ouest*, etc., ne sont guère employés que par les marins, et forment, avec ceux qui viennent d'être nommés, les 32 *rumbs* dont se compose la *boussole* ou la *rose des vents*.

§ 11. Latitude et longitude.

Comme la réunion des contrées connues des anciens formait une étendue plus grande de l'O. à l'E. que du N. au S., ils donnèrent le nom de *longitude*, c'est-à-dire *longueur*, à la dimension de la surface terrestre de l'O. à l'E. ; et celui de *latitude*, c'est-à-dire *largeur*, à sa dimension du N. au S. Les modernes ont conservé ces désignations, qui, malgré le grand nombre de pays découverts depuis leur origine, offrent encore un sens exact, si l'on considère l'aplatissement des pôles. La latitude comprend donc, sur la Terre, toute la dimension du N. au S., et elle est divisée par l'équateur en deux parties : l'une au N., l'autre au S., ayant, chacune, 90 degrés, que l'on compte à partir de l'équateur jusqu'à chaque pôle ; la longitude comprend toute la dimension du globe de l'O. à l'E., et elle est divisée, par chaque méridien, en parties orientale et occidentale, comptant, chacune, 180 degrés : car le globe entier a 360 degrés de circonférence. Un degré comprend 60 minutes, et une minute comprend 60 secondes. On désigne ordinairement les degrés par ce signe °, les minutes par cet autre ′, et les secondes ainsi ″. Suivant une division moderne, la circonférence du globe contient 400 grades ; le grade comprend 100 minutes, et la minute, 100 secondes.

Tous les points situés au N. de l'équateur sont dans une *latitude septentrionale* ; tous ceux qui se trouvent au S. de ce cercle sont dans

---

(1) On désigne ordinairement les points cardinaux par ces abréviations : N. S., E., O.

une *latitude méridionale*; on dira, par exemple, que tel lieu est à 45° de latitude septentrionale, ce qui signifie à 45° au N. de l'équateur.

Mais si l'on dit seulement qu'un lieu est à 45 degrés de latitude, on n'aura pas encore une idée bien précise de sa situation sur le globe; car on ne saura pas sur quel point de tout le 45° parallèle il faudra le chercher. On a donc senti la nécessité de rattacher en même temps la position des lieux à un grand cercle dirigé dans un sens opposé à celui de l'équateur; on a choisi pour cela un des nombreux méridiens qui coupent le globe du nord au sud, et l'on a rapporté à ce cercle, désigné sous le nom de *premier méridien*, la situation des différents points: ainsi, l'on dit que tel lieu est à tant de degrés à l'E. ou à l'O. du premier méridien. Nous supposions tout à l'heure un lieu situé à 45 degrés de latitude N.: si l'on ajoute qu'il se trouve à 30 degrés à l'E. du premier méridien, on aura tout de suite une idée précise de sa situation sur la Terre. Or, ce méridien divise la longitude en deux parties, dont l'une est la *longitude orientale*, et l'autre la *longitude occidentale*: on peut donc dire que tel lieu est à tant de degrés de longitude orientale ou occidentale, au lieu de dire qu'il est à tant de degrés à l'E. ou à l'O. du premier méridien.

En résumé, la *latitude d'un lieu est la distance de ce lieu à l'équateur*; sa *longitude est sa distance au premier méridien*.

Comme le premier méridien est un objet de pure convention, les différentes nations varient sur le choix de ce cercle: les Français le font passer à Paris; les Anglais, à Greenwich (2° 20′ 15″ à l'O. du méridien de Paris). On a longtemps choisi le méridien de l'île de Fer, la plus occidentale des Canaries, à l'O. de l'Afrique, et quelques peuples le conservent encore.

Les degrés de longitude se comptent sur l'équateur ou sur les parallèles; et comme ceux-ci deviennent de plus en plus petits à mesure qu'ils s'avancent vers les pôles, les degrés de longitude vont aussi en diminuant à mesure qu'ils approchent des pôles.

Les degrés de latitude se comptent sur les méridiens; comme ceux-ci, tracés d'un pôle à l'autre, ont tous une égale longueur, les degrés de latitude sont égaux entre eux.

§ 12. Climats.

La lumière solaire est répartie sur la surface du globe de telle sorte que chaque point a dans l'année six mois de jour et six mois de nuit; mais ces six mois de jour ou de nuit sont distribués par divisions de très-diverses durées, suivant la latitude. Sous l'équateur, les jours sont toute l'année de 12 heures. Mais comme l'hémisphère boréal et l'hémisphère austral s'inclinent tour à tour vers le Soleil, par suite de l'inclinaison de l'axe sur l'écliptique (1), il s'y trouve tour à tour aussi des jours plus longs que ceux de l'équateur. A l'époque où l'un des

-----

(1) Inclinaison qui est expliquée au n° 48 des questions de physique et de chimie.

hémisphères est le plus directement exposé vers le Soleil, les jours sont de plus en plus longs à mesure qu'on s'avance vers le pôle : au cercle polaire, ils sont de 24 heures ; sous le pôle, le jour dure six mois. Cette différence des plus longs jours a fait diviser l'espace compris entre l'équateur et le pôle en 30 parties, qui sont renfermées, chacune, entre deux parallèles, et qu'on appelle *climats*. Il y a 24 de ces climats entre l'équateur et le cercle polaire, et 6 entre le cercle polaire et le pôle. Chacun des 24 premiers climats a une largeur telle, que le plus long jour, sous celle de ses deux limites qui est la plus rapprochée du pôle, doit avoir une demi-heure de plus que sous l'autre limite : ce sont les *climats de demi-heures*. Chacun des 6 climats compris entre le cercle polaire et le pôle a une largeur telle, que, sous les deux limites qui le renferment, le plus long jour diffère d'un mois : ce sont les *climats de mois*.

Il ne faut pas confondre ces climats cosmographiques avec les *climats physiques*, qui sont les diverses températures des différentes parties de la surface du globe, températures dont la diversité est due non-seulement à la distance plus ou moins grande d'un pays à l'équateur, mais à la hauteur, à la nature du sol, à l'exposition, à la situation maritime ou intérieure, aux vents dominants, etc.

§ 15. Usage des globes et des cartes.

Il y a deux sortes de *globes artificiels : le globe céleste* et le *globe terrestre*. Le *globe céleste* est la représentation de la voûte du ciel ; il montre les différentes positions des étoiles, non pas telles qu'elles sont réellement, mais telles qu'elles nous paraissent, c'est-à-dire attachées à une voûte sphérique ; ces astres semblent être ainsi tous situés à une égale distance de nous, quoiqu'ils soient dans le fait très-diversement éloignés. L'observateur doit se supposer placé au centre de ce globe. — Le *globe terrestre* représente la Terre ; les lieux y conservent les positions relatives qu'ils ont dans la nature. On y trace l'équateur, des méridiens, des parallèles, etc. C'est sur l'équateur que sont marqués les degrés de longitude, et sur le premier méridien que se trouvent ceux de latitude. — Une *carte* est une figure plane qui représente la Terre ou quelqu'une de ses parties. On a coutume d'orienter la carte de manière que le nord soit en haut, le sud en bas, l'est à droite, et l'ouest à gauche. — On appelle *mappemonde* ou *planisphère* une carte qui représente tout le globe terrestre. Tantôt cette carte reproduit la forme ronde de la Terre, et elle en montre séparément les deux hémisphères, parce qu'il est impossible de voir sur le papier le globe tout entier tel qu'il est naturellement ; les degrés de latitude sont marqués tout autour de chaque hémisphère, à l'extrémité des parallèles, et les degrés de longitude sont marqués sur l'équateur, à chaque méridien tracé. — D'autres fois on ne cherche pas à rendre sur la mappemonde la rondeur de la Terre ; dans ce cas, on se figure que la surface du globe terrestre a été étendue et aplatie sur le papier ; alors la carte est carrée, et l'on n'a pas besoin de faire deux hémisphères séparés ; les degrés de latitude sont marqués à droite et à

1.

gauche de la carte, toujours à l'extrémité des parallèles ; les degrés de longitude sont placés en haut et en bas, à l'extrémité des méridiens. — Les autres cartes, qui servent à représenter une grande contrée, ou seulement une province, un canton particulier, se rapprochent plus ou moins de ces deux méthodes principales : c'est-à-dire que les unes, par la direction de leurs parallèles et de leurs méridiens, tendent à montrer que le pays dessiné fait partie de la surface arrondie du globe ; tandis que les autres, avec leurs parallèles et leurs méridiens coupés entre eux perpendiculairement, supposent que la région décrite appartient à une surface plate : ces sortes de cartes, qu'on appelle *cartes de Mercator* et *cartes plates*, altèrent beaucoup les distances des lieux et la forme de la surface terrestre ; mais elles ont la propriété, très-utile surtout aux marins, d'offrir plus exactement et plus clairement que les autres projections la position des lieux relativement aux points de l'horizon, et leur situation en latitude et en longitude.

§ 14. Échelles. — Mesures itinéraires.

Sur chaque carte on place ordinairement une *échelle*, petite ligne graduée au moyen de laquelle on peut évaluer sur le dessin la distance des lieux, et voir dans quel rapport la carte se trouve avec le pays qu'elle représente. Les mesures qui servent à évaluer les distances se nomment *mesures itinéraires* ; elles varient suivant les contrées. En France, on se sert de la *lieue commune*, de 25 au degré (1) ; du *myriamètre*, de 11 au degré ; du *kilomètre*, qui est le 10ᵉ du myriamètre ; du *mille géographique*, de 60 au degré ; de la *lieue de poste*, de 28 1/2 au degré. — Le *mille anglais* est de 69 1/2 au degré ; le *mille allemand*, de 15 ; etc.

IV.

GÉOGRAPHIE PHYSIQUE. — DIVISION DE LA SUPERFICIE DU GLOBE — DÉFINITION DES PRINCIPAUX TERMES DE GÉOGRAPHIE ET D'HYDROGRAPHIE. OCÉANS, MERS MÉDITERRANÉES, GOLFES, BAIES, DÉTROITS, MANCHES, CANAUX, RADES, ANSES, PORTS, HAVRES, RÉCIFS, BRISANTS, ÉCUEILS, ETC. DESCRIPTION PARTICULIÈRE DES DIFFÉRENTS OCÉANS : AUSTRAL, PACIFIQUE, INDIEN, ATLANTIQUE, BORÉAL. — LA TERRE : CONTINENTS, ILES, PRESQU'ILES, ISTHMES, COTES, PLATEAUX, MONTAGNES, VALLÉES ET BASSINS, LACS, GLACIERS, VOLCANS, FLEUVES, RIVIÈRES, ETC.

Division de la superficie du globe.

La surface de la Terre est divisée en *terres* et en *eaux*. Les terres

---

(1) C'est-à-dire au degré de latitude en général, ou au degré de longitude à l'équateur.

n'occupent qu'environ le tiers de cette surface. La plus grande masse
des eaux forme ce qu'on appelle la *mer*.

Définition des principaux termes de géographie et d'hydrographie, etc.

Il y a des termes qui s'appliquent aux terres; d'autres sont relatifs
aux eaux.

DÉNOMINATIONS APPLIQUÉES AUX TERRES. Les plus grandes masses de
terre sont les *continents*; il y en a trois : *l'ancien continent* (comprenant l'Europe, l'Asie et l'Afrique), le *nouveau continent* ou *l'Amérique*, et *l'Australie* ou *Nouvelle-Hollande*. — Les *îles* sont des
espaces de terre entourés d'eau de toutes parts, et bien moins grands
que les continents. Les îles rapprochées les unes des autres composent
des *groupes* et des *archipels*. On donne le nom d'*îlots* aux îles les
plus petites. Des rochers qui s'élèvent au-dessus de l'eau, ou qui sont
peu au-dessous de sa surface, forment des *écueils*, des *récifs*, des *brisants*. — Des espaces bas et sablonneux au milieu d'une masse d'eau
se nomment *bancs de sable*.

Les *presqu'îles* ou *péninsules*, anciennement *chersonèses*, sont
des portions de terre entourées d'eau presque de tous côtés. — L'*isthme*
est un espace étroit qui unit deux portions de terre. — Les *côtes*
sont les bords des continents et des îles; elles présentent souvent de
petits avancements, qui portent le nom de *promontoires*, de *caps*
et de *pointes*.

Les parties plates de la surface des terres s'appellent *plaines*. —
Les hauteurs les plus considérables sont les *montagnes*; les plus petites forment les *collines*, les *monticules*, les *tertres*, les *buttes*;
les collines sablonneuses qui bordent fréquemment les côtes se nomment *dunes*. — Les *plateaux* sont des espaces élevés, entourés de tous
côtés par des hauteurs; le nom de plateau s'applique aussi aux petites
plaines qui couronnent certaines montagnes. — Les *volcans* sont des
montagnes qui vomissent des pierres calcinées, des matières minérales fondues, des flammes, de la fumée, des cendres, des sables,
quelquefois de l'eau et de la boue : le *cratère* est l'ouverture par laquelle sont lancés les corps que projette l'éruption volcanique. — Les
hauteurs sont ordinairement jointes les unes aux autres, et composent des *chaînes*; les deux grandes faces d'une chaîne de montagnes
s'appellent *flancs*, *pentes*, *revers* ou *versants*; la partie la plus
haute de la chaîne est le *faîte*, la *crête* ou l'*arête*. Les passages étroits
dans les montagnes sont appelés *défilés*, *cols* ou *gorges*; un défilé peut
aussi être resserré entre une montagne et une masse d'eau. — Les
vallées et les *vallons* sont des espaces allongés qui se trouvent renfermés entre deux montagnes ou deux chaînes de montagnes. — Les
montagnes les plus élevées et le haut des vallées voisines sont souvent
couverts de neiges et de glaces perpétuelles, dont les amas sont appelés *glaciers*.

DÉNOMINATIONS APPLIQUÉES AUX EAUX. Les plus grands espaces de mer
prennent le nom d'*océans*. On distingue : 1° l'océan *Atlantique*, à
l'O. de l'ancien continent, et à l'E. du nouveau; 2° le *Grand Océan*

ou l'*océan Pacifique* , à l'E. de l'ancien continent et de l'Australie, et à l'O. du nouveau continent ; 3° l'*océan Indien*, au S.-E. de l'ancien continent, et à l'O. de l'Australie; 4° l'*océan Boréal* ou l'*océan Glacial arctique* , qui n'a pas été partout exploré , et qui s'étend au N. de l'ancien et du nouveau continent ; 5° l'*océan Austral* ou l'*océan Glacial antarctique*, encore moins connu, dans la zone glaciale du sud. — En pénétrant dans les terres, les océans produisent les *mers*, dont quelques-unes sont presque entièrement environnées par des parties de continents ou par des îles et prennent le nom de *mers méditerranées* : la plus remarquable est la mer *Méditerranée* proprement dite, placée au milieu des terres occidentales de l'ancien continent. — Les *golfes*, les *baies*, sont des enfoncements moins étendus que les mers.— Les *anses* sont moins grandes que les baies.—Les *rades*, les *ports* et les *havres* sont encore plus petits , et sont ordinairement propres à servir d'asile aux vaisseaux. — Les *détroits* , les *canaux* , sont des espaces de mer resserrés entre deux parties de terre. Les *manches* sont dans le même cas, mais présentent toujours une forme très-allongée et qui va en se rétrécissant d'un côté.—Les grands amas d'eau placés au milieu des terres sont des *lacs*. Il y en a d'assez considérables pour porter le nom de *mers* : telle est la mer *Caspienne* , au milieu de l'ancien continent. Les amas d'eau peu profonds situés au milieu des terres sont des *marais*. — Un *étang* est un petit lac artificiel.

Les eaux vives qui sortent du sol sont des *sources* ou *fontaines*. Comme l'eau cherche sans cesse à gagner les lieux les plus bas, celle des sources s'écoule et descend; elle forme ainsi plusieurs *cours d'e* *. Les plus petits cours d'eau sont les *ruisseaux*. Les *fleuves* sont de g.ands cours d'eau qui se rendent directement à la mer. Une *rivière* est un cours d'eau assez considérable qui se jette dans un autre ; cependant, parmi les cours d'eau qui vont tomber directement dans la mer , il y en a qui ne sont pas assez grands pour être appelés fleuves : alors ils se nomment aussi *rivières*. — L'endroit où deux cours d'eau s'unissent est un *confluent*. — L'*embouchure* est l'endroit où un cours d'eau se jette dans la mer. Plusieurs embouchures d'un fleuve s'appellent *bouches*. — Les *affluents* d'un cours d'eau sont les diverses rivières ou les ruisseaux qu'il reçoit. — La *rive droite* d'un cours d'eau est la rive qui se trouve à la droite d'une personne qui le descend ; la *rive gauche* se trouve à sa gauche. — Lorsque le lit d'un cours d'eau change brusquement de niveau, l'eau se précipite avec violence, et forme une *chute* plus ou moins considérable : quand c'est un fleuve ou une grande rivière qui se précipite ainsi, la chute prend le nom de *cataracte* ; quand c'est un ruisseau, elle s'appelle *cascade*. — Le *bassin* d'un fleuve , d'une rivière ou d'une mer comprend tout l'espace dont les eaux viennent se rendre dans ce fleuve, cette rivière ou cette mer. — Un *canal* est une rivière artificielle , creusée au milieu des terres pour faciliter les relations commerciales par la navigation, ou pour assainir le pays en favorisant l'écoulement des eaux , ou quelquefois pour apporter de l'eau dans un canton trop sec

V.

GÉOGRAPHIE POLITIQUE ET HISTORIQUE — 1. DIFFÉRENTES PARTIES DU MONDE. — 2. QUELLES SONT CELLES QUI ÉTAIENT CONNUES DES ANCIENS? — 3. JUSQU'OÙ S'ÉTENDAIENT DANS CHAQUE PARTIE DU MONDE LES CONNAISSANCES DES ANCIENS?

§ 1. Différentes parties du monde.

Il y a cinq parties du monde : l'*Europe*, qui occupe le N. O. de l'ancien continent ; l'*Asie*, qui en comprend la partie orientale ; l'*Afrique*, qui en comprend le S. ; l'*Amérique*, qui renferme le nouveau continent ; et l'*Océanie*, qui se compose du continent de l'Australie et d'un grand nombre d'îles situées au S. E. de l'Asie.

§ 2. Quelles sont les parties du monde qui étaient connues des anciens?

Les connaissances géographiques de l'antiquité étaient renfermées dans l'ancien continent et dans les îles voisines. Hérodote divisait le monde en deux parties, l'*Europe* et l'*Asie* : il comprenait dans cette dernière les pays qui formèrent ce qu'on appela plus tard l'Afrique. Ératosthène, dans le IIIe siècle avant Jésus-Christ, admettait trois grandes divisions : l'*Europe*, l'*Asie* et la *Libye*, nommée depuis Afrique ; il plaçait à l'O. du continent la mer *Atlantique occidentale* ; au N., l'océan *Septentrional* ou *Scythique*, qu'il supposait uni à la mer Caspienne par un large détroit ; à l'E., la mer *Atlantique orientale* ; au S., la mer *Érythrée*. — Ptolémée, dans le second siècle de notre ère, divisait le monde en trois parties : l'*Europe*, l'*Asie* et l'*Afrique* ou *Libye* ; ce monde était borné à l'O. par l'océan *Atlantique*, au N. par l'océan *Hyperboréen* ou la mer *Paresseuse* ; vers le S., l'océan *Indien* baignait les côtes de l'Asie, et le midi de l'Afrique était inconnu ; à l'E., on ne connaissait pas non plus les limites des terres ; entre ces trois divisions de l'ancien monde, était resserrée la mer *Intérieure* (Méditerranée).

§ 3. Jusqu'où s'étendaient dans chaque partie du monde les connaissances des anciens?

EUROPE. Les extrémités septentrionales de l'Europe étaient inconnues aux géographes anciens : leurs connaissances certaines s'arrêtaient aux bords de l'océan *Germanique* (mer du Nord), du golfe *Codan* (Cattégat) et de l'océan *Sarmatique* (mer Baltique). La presqu'île de *Scandinavie* (Suède et Norvége), située plus au nord, était regardée comme une île, et l'on croyait que l'océan Sarmatique communiquait vers le N. avec l'océan Hyperboréen. La *Sarmatie européenne*, qui correspond à peu près à la Russie d'Europe, était tout à fait inconnue au nord. On connaissait imparfaitement la *Chersonèse Cimbrique* (aujourd'hui presqu'île Danoise) et une grande partie des *îles Britanniques*. — La région moyenne de l'Europe renfermait la *Gaule*, la *Germanie*, la *Vindélicie*, la *Rhétie*, le *Norique*, la *Panno-*

nie et la *Dacie*, contrées qui ont été assez complètement décrites par les anciens.—Dans le S., étaient les pays qu'ils connaissaient le mieux : la *Grèce*, l'*Épire*, la *Macédoine*, la *Thrace*, la *Mœsie*, l'*Illyrie*, l'*Italie*, avec les grandes îles de *Sicile*, de *Sardaigne* et de *Corse*, et enfin l'*Hispanie ou Ibérie*; toutes ces contrées étaient dans le voisinage de la mer Intérieure.

ASIE. Les géographes anciens n'ont décrit que moins de la moitié de l'Asie : le N. et l'E. leur étaient inconnus. Une ligne tirée du N. O. au S. E., commençant au cours moyen du Rha (Volga), passant par le mont Imaüs (Bolor et monts Célestes), et se terminant au fleuve Sénus (May-kang), déterminait à peu près la limite de leurs connaissances. Ainsi, à l'E., ils n'avaient aucune notion certaine sur des pays qu'ils appelaient *Sérique* et région des *Sines*, et qui paraissent répondre à l'empire Chinois d'aujourd'hui. La *Scythie*, au N., était presque aussi vaguement désignée, et ils n'ont rien connu de la Sibérie actuelle. Au N. O., se trouvait la *Sarmatie asiatique*, qui n'était pas bien connue non plus. — C'est à l'O. que se trouvaient les pays le plus souvent nommés dans l'histoire et le plus complètement décrits par les anciens, c'est-à-dire l'*Asie Mineure*, la *Syrie*, la *Phénicie*, la *Palestine*, la *Colchide*, l'*Arménie*, l'*Assyrie*, la *Mésopotamie*, la *Babylonie*. — Dans la partie moyenne de l'Asie, on trouvait la *Médie*, l'*Hyrcanie*, la *Susiane*, la *Perse*, la *Carmanie*, la *Gédrosie*, la *Parthie*, l'*Arie*, le *Paropamise*, la *Drangiane*, l'*Arachosie*, la *Bactriane*, la *Sogdiane*.—Au S. O., on trouvait l'*Arabie*;—au S. E., l'*Inde en deçà du Gange*, avec l'*Inde au delà du Gange*, très-mal connue.

AFRIQUE. Cette partie du monde, plus souvent désignée chez les anciens sous le nom de *Libye*, ne leur était bien connue que dans sa partie septentrionale, c'est-à-dire dans le voisinage de la mer Intérieure ; ils n'ont laissé aucune description sur les contrées qui composent environ la moitié méridionale de l'Afrique. Sur la côte orientale, le promontoire *Prasum* (qui est probablement le cap Delgado) était le point extrême des connaissances des Grecs et des Romains. Sur la côte occidentale, ils avaient une idée vague du golfe *Éthiopique* (golfe de Guinée). Le pays le plus méridional qu'ils nomment en Afrique est l'*Éthiopie Intérieure*, sur laquelle ils n'ont donné aucune description précise.—A l'E., étaient deux pays fort médiocrement connus : l'*Azanie* et la *Barbarie* (côte d'Ajan). — Au N. E., se trouvaient l'*Égypte* et l'*Éthiopie au-dessus de l'Égypte*, deux contrées où abondent les monuments de la plus ancienne civilisation. — A l'O. de l'Égypte, étaient la *Libye Maritime*, l'*Afrique propre*, la *Numidie*, la *Mauritanie*, qui répondent à la Barbarie actuelle.—La *Libye Intérieure*, qui s'étendait au S. de ces quatre contrées, n'a été que très-imparfaitement décrite.

GÉOGRAPHIE ANCIENNE

VI.

JUDÉE AU TEMPS DE SALOMON. — 1. LIMITES, FLEUVES, MONTA-GNES DE LA JUDÉE. — 2. DIVISION PAR TRIBUS. — 3. VILLES PRINCI-PALES.

§ 1. Limites, fleuves et montagnes de la Judée.

Sous Salomon, lorsque la nation israélite était à son plus haut point de splendeur, la domination du royaume de Judée s'étendait depuis la frontière d'Égypte et l'extrémité boréale de la mer Rouge, au S. O., jusqu'à l'Euphrate, au N. E. ; mais, dans cette étendue, il faut distinguer le *royaume de Judée proprement dit* des pays tributaires ou nouvellement conquis, tels que les royaumes syriens de *Damas* et de *Tadmor* ou *Palmyre*, le pays des *Édomites*, ceux des *Ammonites*, des *Moabites*, et de plusieurs tribus arabes situées à l'E. et au S. Le royaume de Judée proprement dit, qui se composait de la *Terre promise* ou du pays de *Canaan*, et qu'on appela plus tard *Palestine*, était borné à l'O. par la mer Intérieure, que les Hébreux appelaient *Grande Mer*; au S., par l'Arabie; à l'E. et au N., par la Syrie; au N. O., par la Phénicie.

La Palestine verse ses eaux dans deux mers : la mer Intérieure et la mer Morte. Dans la première vont se jeter le *Léontes*, le *Bélus*, le *Sorek*, le *Bésor*. — La *mer Morte*, appelée aussi *mer de Sodome*, lac *Salé* et lac *Asphaltite*, est un lac qui s'allonge du N. au S. dans la partie méridionale de la Judée. Elle occupe la plaine ou vallée où se trouvaient les villes de *Sodome, Gomorrhe, Adama, Zéboïm*, détruites du temps de Loth. Elle reçoit par son extrémité septentrionale le *Jourdain*, principal fleuve de la contrée, qu'il parcourt du N. au S. ; ce fleuve forme, dans la partie supérieure de son cours, le lac de *Génésareth*, nommé aussi *mer de Galilée*, de *Tibériade* ou de *Cinnéroth*; il reçoit à gauche le *Hiéromax* et le *Jabok*.

Le mont *Liban* s'élève au N. O. de la Judée, sur la frontière de la Phénicie. L'*Anti-Liban* se présente dans le N. ; il se partage en deux branches, l'une occidentale, l'autre orientale, qui vont se rejoindre en Arabie, après avoir entièrement enveloppé le long bassin au fond duquel se trouvent le Jourdain et la mer Morte. La première de ces branches comprend le mont *Thabor ;* et l'un de ses rameaux, qui s'avance vers la mer Intérieure, forme le mont *Carmel*. La branche orientale offre le mont *Hermon*, les monts *Galaad*, et le mont *Nébo*, célèbre par les derniers moments de Moïse.

§ 2. Division par tribus.

Le pays que les Israélites avaient conquis sur les peuples du Canaan fut partagé entre les douze tribus d'Israël. Les *Lévites*, ou la *tribu de Lévi*, étaient consacrés au sacerdoce, et ne reçurent pas, comme les autres tribus, de territoire particulier : on pourvut à leur existence en leur attribuant le dixième des produits du sol ; et, pour résidence, on leur assigna quarante-huit villes éparses à travers toutes les tribus. Les postérités d'*Ephraïm* et de *Manassé* (les deux fils de Joseph), eurent leurs territoires particuliers, comme deux tribus distinctes.

Les tribus de *Ruben* et de *Gad*, ainsi qu'une partie de la tribu de *Manassé*, s'établirent à l'E. du Jourdain.—Toutes les autres se fixèrent à l'O. : c'étaient, du N. au S., *Aser, Nephtali, Zabulon, Issachar*, la demi-tribu occidentale de *Manassé, Ephraïm, Dan, Siméon, Benjamin* et *Juda*. Outre les territoires occupés par les douze tribus, on doit encore considérer comme une partie de la Judée le pays des *Philistins* ou *Palestins*, dont le nom a donné naissance à celui de Palestine. Ce peuple ne fut que momentanément assujetti aux Hébreux.

§ 3. Villes principales.

Tribus a l'E. du Jourdain. — *Edraï*, connue par la défaite du géant Og, roi de Basan, dans la demi-tribu orientale de Manassé. — *Ramoth-Galaad, Jozer*, dans la tribu de Gad. — *Hésébon*, ancienne capitale d'un royaume amorrhéen, dans la tribu de Ruben.

Tribus a l'O. du Jourdain. — *Aco* ou *Aca*, plus tard *Ptolémaïs* (aujourd'hui Acre), dans la tribu d'Aser, avec un bon port sur la mer Intérieure. — *Asor*, dans la tribu de Nephtali. — *Sepphoris*, qui fut appelée par les Romains *Dio-Cæsarea*, dans la tribu de Zabulon — *Jezraël*, dans la tribu d'Issachar. — *Mageddo*, dans la demi-tribu occidentale de Manassé. — *Sichem*, appelée ensuite *Neapolis* (aujourd'hui Naplous) ; *Silo*, où l'arche d'alliance fut longtemps conservée ; et *Joppé* (aujourd'hui Jaffa), port de mer, dans la tribu d'Ephraïm.—*Jérusalem, Hiérosolyma* ou *Solyma*, capitale du royaume, et *Jéricho*, dans la tribu de Benjamin. — *Bethléhem, Hébron*, dans la tribu de Juda.

Pays des Philistins. — *Ékron* ou *Accaron*, fameuse par le culte de Belzébuth ; *Azot*, connue par le temple de Dagon ; *Ascalon*, par le temple de la déesse Dercéto ; *Gaza* (aujourd'hui Razzé), la plus importante ville des Philistins.

VII.

EMPIRE PERSAN SOUS DARIUS Ier. — 1. LIMITES, MONTAGNES, FLEUVES, LACS. —2. DIVISION EN SATRAPIES.—3. VILLES PRINCIPALES. — 4. DÉTAILS PARTICULIERS SUR L'ASIE MINEURE, L'ASSYRIE, LA PHÉNICIE, L'ÉGYPTE.

§ 1. Limites, montagnes, fleuves, lacs.

Le vaste empire des Perses, élevé par les conquêtes de Cyrus et de son fils Cambyse sur les débris des monarchies médique, babylonienne, lydienne et égyptienne, avait environ 1,100 lieues d'étendue de l'O. à l'E., depuis la Thrace et la Grande Syrte (golfe de la mer Intérieure en Afrique) jusqu'un peu au delà de l'Indus, et 500 lieues du N. au S., depuis le Pont-Euxin jusqu'au milieu de l'Éthiopie au-dessus de l'Égypte, ou depuis le fleuve Iaxartes jusqu'à la mer Érythrée ; il occupait presque tout l'occident de l'Asie, c'est-à-dire l'*Asie Mineure*, la *Syrie*, la *Phénicie*, la *Palestine*, la *Babylonie*, l'*Assyrie*, la *Mésopotamie*, l'*Arménie*, la *Colchide*, la *Susiane*, la *Médie*, l'*Hyrcanie*, la *Perse propre*, la *Bactriane*, etc.; une bonne partie du N. E. de l'Afrique, et un peu de l'Europe. Ses limites, au N., étaient une partie du cours de l'Iaxartes et de celui de l'Oxus, du côté des Scythes ; la mer Caspienne, le Caucase, le Pont-Euxin ; — à l'O., l'empire de Darius s'étendait jusque sur la partie de la Thrace qui avoisinait l'Hellespont, sur beaucoup d'îles de la mer Égée et de la mer Intérieure, et sur une partie de l'Afrique jusqu'à la Grande Syrte et jusqu'aux déserts de la Libye ; — au S., il avait pour frontières l'empire de Méroé (dans l'Éthiopie au-dessus de l'Égypte), les déserts de l'Arabie, le golfe Persique, la mer Érythrée ; — à l'E., les possessions des Perses ne s'arrêtaient pas précisément à l'Indus, mais ne s'étendaient probablement pas au-delà du bassin de ce fleuve : on n'en peut fixer de ce côté les limites précises.

La moitié orientale de ce grand empire était en grande partie située sur un plateau, connu aujourd'hui sous le nom de *plateau de la Perse*, et composé de déserts sur une vaste étendue : les principales montagnes qui enveloppent ce plateau sont celles qu'on appelait, au N., le *Paropamise* (les compagnons d'Alexandre le prirent pour le Caucase, et le nom de *Caucase* lui a été longtemps appliqué dans l'antiquité), les monts *Sariphes*, les monts *Caspiens*; à l'O., le mont *Zagros*; au S., le mont *Bagoüs*. — Vers les frontières N. E. de l'empire, s'élevaient le mont *Imaüs* (Bolor) et les monts *Émodes* (Himalaya). — Dans l'O., se trouvaient le *Taurus*, l'*Anti-Taurus*, le *Liban* et l'*Anti-Liban*.

Le *Tigre* et l'*Euphrate*, qui, après s'être réunis, vont se jeter dans le golfe Persique, arrosaient le cœur de l'empire. — L'*Halys*, tributaire du Pont-Euxin ; l'*Oronte*, tributaire de la mer Intérieure, et le *Jourdain*, qui se jette dans la mer Morte, arrosaient les contrées asiatiques les plus occidentales de la monarchie. — Dans le N. O., coulait le *Cyrus* (Kour), qui, grossi de l'*Araxes* (Aras), verse ses eaux dans la mer Caspienne. — Au N., on voyait l'*Ochus* (Tedzen), l'*Oxus* (Djihoun ou Amou-déria) et l'*Iaxartes* (Sihoun). L'Iaxartes était tributaire du lac *Oxien* (mer d'Aral), qui, d'après la plus commune opinion, communiquait alors avec la mer Caspienne, soit par le moyen de ce fleuve lui-même, soit par un grand détroit ; l'Oxus, tributaire alors de la mer Caspienne, se jette aujourd'hui dans la mer d'Aral. — Dans la partie orientale du plateau de la Perse, coule l'*Étymander* (Helmend), qui se jette dans le lac *Aria* (Zéreh).—Nous avons déjà dit que l'*Indus* (aujourd'hui Sind) arrosait la partie la plus orientale de l'empire. — Le *Nil* parcourait la partie africaine.

Outre les lacs qu'on vient de nommer en parlant des fleuves, on remarquait dans l'empire Perse le lac *Arsissa* (lac de Van) et le lac *Spauta* ou *des Matianes* (lac d'Ourmiyah), dans le N. O.

§ 2. Division en satrapies.

Darius partagea ses vastes états en vingt *satrapies*, dans chacune desquelles il établit un gouverneur ou *satrape*, chargé à la fois de l'administration et du recouvrement des impôts.

La PREMIÈRE SATRAPIE se composait des contrées suivantes, situées dans la partie la plus occidentale et dans le S. O. de l'Asie Mineure : l'*Éolide*, l'*Ionie*, le pays des *Magnètes*, la *Carie*, la *Lycie*, la *Myliade*, la *Pamphylie*.

La SECONDE SATRAPIE comprenait d'autres contrées de la partie méridionale de l'Asie Mineure : la *Mysie*, la *Lydie*, la *Lasonie*, qui paraît avoir été située au S. E. de la Lydie ; la *Cabalie*, petite contrée au S. de la Lycie.

La TROISIÈME SATRAPIE se composait de la plus grande partie de l'Asie Mineure, et contenait la province de l'*Hellespont* (comprenant la *Petite-Mysie* et probablement aussi les cantons thraces voisins du détroit de l'Hellespont); la *Bithynie occidentale*, ou le pays des *Thraces d'Asie*; la *Bithynie orientale*, ou le pays des *Maryandins*; la *Paphlagonie*; la *Phrygie*; le pays des *Syriens* ou *Leuco-Syriens*, qui fut appelé par la suite *Cappadoce*, et qui se divisa enfin en deux parties : la Grande-Cappadoce ou Cappadoce proprement dite, et la Cappadoce Pontique ou le Pont.

La QUATRIÈME SATRAPIE renfermait la *Cilicie* (dans le S. E. de l'Asie Mineure) et la partie septentrionale de la *Syrie*.

La CINQUIÈME SATRAPIE embrassait la *Syrie centrale et méridionale*, la *Phénicie*, la *Palestine* et l'île de *Cypre*.

La SIXIÈME SATRAPIE comprenait l'*Égypte*, les *Africains voisins de l'Égypte*, c'est-à-dire probablement les habitants des oasis répandues dans le désert qui s'étend à l'O. de l'Égypte; le pays de *Cyrène* ou la *Cyrénaïque*; le pays de *Barcé* (Barcah).

La SEPTIÈME SATRAPIE comprenait divers peuples placés vers les frontières N. E. de l'empire : les *Sattagydes*, les *Gandariens*, les *Dadyces*, les *Aparytes*.

La HUITIÈME SATRAPIE n'était formée que de la *Susiane*, placée vers le cœur de l'empire.

La NEUVIÈME SATRAPIE se composait de deux riches provinces : la *Babylonie* et l'*Assyrie* (avec la *Mésopotamie*).

La DIXIÈME SATRAPIE était formée principalement de la *Médie*.

La ONZIÈME SATRAPIE comprenait plusieurs peuples voisins de la mer Caspienne : les *Caspiens*, les *Pausices*, etc.

La DOUZIÈME SATRAPIE se composait surtout de la *Bactriane*.

La TREIZIÈME SATRAPIE renfermait la *Pactyice*, que les uns ont placée vers l'Indus, les autres vers le Tigre; l'*Arménie*, et les *voisins des Arméniens vers le Pont-Euxin*.

La QUATORZIÈME SATRAPIE contenait le pays des *Sagartiens*, qui paraissent avoir habité à l'E. de la Perse proprement dite, le pays des *Saranges* ou la *Drangiane*, et la *Carmanie*.

La QUINZIÈME SATRAPIE comprenait deux peuples fort reculés vers l'E. : les *Saces*, et les *Caspiens*, qu'il ne faut pas confondre avec l'autre peuple de ce nom, dont il a déjà été question.

La SEIZIÈME SATRAPIE renfermait le pays des *Parthes*, celui des *Chorasmiens*, la *Sogdiane*, l'*Arie*.

La DIX-SEPTIÈME SATRAPIE, dont nous ne connaissons pas exactement la situation, était, suivant les uns, vers la mer Érythrée, et comprenait la *Gédrosie*; suivant les autres, elle était vers le Caucase et le Pont-Euxin, et renfermait une partie de la *Colchide*. Son principal peuple était celui qu'on a nommé *Éthiopiens asiatiques*, et qui se composait vraisemblablement des descendants de la colonie laissée par Sésostris au retour de ses expéditions.

La DIX-HUITIÈME SATRAPIE occupait deux pays situés sur le flanc du Caucase : l'*Ibérie* et l'*Albanie*.

La DIX-NEUVIÈME SATRAPIE contenait divers peuples placés au N. E. des Leuco-Syriens : les *Moskhes*, les *Tibarènes*, les *Mosyœciens*, etc.

La VINGTIÈME SATRAPIE comprenait le pays des *Indiens*, c'est-à-dire la région arrosée par l'Indus et ses affluents.

La *Perse proprement dite* n'était pas comprise dans les satrapies, sans doute parce qu'elle était exempte d'impôts et qu'elle se trouvait directement sous l'autorité du roi.

§ 3. Villes principales.

Dans les régions asiatiques situées à l'O. de l'Euphrate, on remarquait *Sardes*, *Smyrne*, *Éphèse*, *Milet*, *Halicarnasse*, *Sinope*, *Célènes*, *Tarse*, villes de l'Asie Mineure ; *Damas*, *Palmyre*, *Tyr*, *Jérusalem*, en Syrie, en Phénicie et en Palestine. — Sur les bords de l'Euphrate et dans le voisinage, on distinguait *Babylone*, capitale de la Babylonie ; *Tigranocerte*, *Sémiramocerte*, en Arménie.—Dans les régions situées entre l'Euphrate et l'Indus, se trouvaient *Ecbatane*, capitale de la Médie ; *Suse*, capitale de la Susiane ; *Persépolis*, capitale de la Perse propre ; *Bactre*, capitale de la Bactriane ; *Maracanda* (Samarkand), capitale de la Sogdiane.

En Afrique, les villes principales étaient *Memphis*, *Thèbes*, dans l'Égypte ; *Cyrène*, dans la Cyrénaïque.

Il y avait quatre villes que l'on considérait comme les *capitales* de la monarchie des Perses ; c'étaient *Persépolis*, *Suse*, *Ecbatane* et *Babylone*.

§ 4. Détails particuliers sur l'Asie Mineure, l'Assyrie, la Phénicie, l'Égypte.

L'ASIE MINEURE est une grande presqu'île qui s'allonge de l'E. à l'O., et qui est bornée au N. par le Pont-Euxin, à l'O. par le Bosphore de Thrace, la Propontide, l'Hellespont, la mer Égée ; au S. par la mer Intérieure ; à l'E. par le mont Amanus et l'Euphrate, qui la séparaient de la Syrie et de l'Arménie. Elle fait aujourd'hui partie de la Turquie d'Asie. — La côte occidentale offre beaucoup de presqu'îles et de golles, et un grand nombre d'îles sont répandues dans le voisinage : on remarque, entre autres, l'île (aujourd'hui presqu'île) de *Cyzique*, et celles de *Ténédos*, de *Lesbos*, de *Chios*, de *Samos*, de *Cos*, de *Rhodes*, de *Carpathos* (1). Au S., est la grande île de *Cypre* (aujourd'hui Chypre). — La chaîne du *Taurus* parcourt de l'E. à l'O. la partie méridionale de l'Asie Mineure. L'*Anti-Taurus*, qui s'y rattache, court du S. O. au N. E. Aux ramifications occidentales du Taurus appartiennent les monts *Tmole*, *Sipyle*, *Ida* et *Olympe*. — Dans le bassin du Pont-Euxin, on voit couler le *Thermodon*, l'*Iris*, l'*Halys* (Kizil-Ermak), le *Sangarius* (Sakaria). Dans celui de la Propontide, on remarque le *Granique*. Vers l'extrémité S. O. de l'Hellespont, débouche le *Scamandre* ou *Xanthe*, grossi du *Simoïs* : ces deux petites rivières arrosaient le territoire de Troie, et ont été illustrées par Homère. Dans la mer Égée vont se jeter le *Caïque*, l'*Hermus*, le *Cayslre*, le *Méandre*. Parmi les tributaires de la mer Intérieure, on remarque le *Cydnus*, le *Sarus*, le *Pyrame*. — Nous avons vu que les divers pays de l'Asie Mineure étaient compris dans les quatre premières satrapies de la monarchie des Perses : rappelons que les principaux de ces pays étaient, à l'O. et au S. O., la *Mysie*, la *Lydie*, l'*Éolide*, l'*Ionie* (2), la *Carie*, la *Lycie*, la *Pamphylie*; au N., la *Bithynie*, la *Paphlagonie*; au centre, la *Phrygie*, d'une partie de laquelle on forma par la suite la *Pisidie* et la *Galatie*; à l'E., la *Cappadoce*, d'où le *Pont* fut séparé ; au S. E., la *Cilicie*.—Les villes les plus remarquables de ces contrées si célèbres dans l'histoire furent : dans la Mysie et l'Éolide, *Cyzique*, *Lampsaque*, *Troie*, la *Nouvelle-Ilion*, bâtie un peu au N. des ruines de Troie ; le port d'*Antandros*, *Pergame*, *Cume*, *Phocée*; — dans la Lydie et l'Ionie, *Smyrne*, *Clazomènes*, *Colophon*, *Éphèse*, *Sardes*, *Magnésie du Sipyle* et *Magnésie du Méandre*; — dans la Carie, *Milet*, *Halicarnasse*, *Cnide*; — dans la Bithynie, *Chalcédoine*, *Dascylée*, *Prusa* (Brousse), *Héraclée-Pontique*; — dans la Paphlagonie, *Sinope*; — dans la Phrygie, *Célènes*, *Carura*, *Colosses*; — dans la Cappadoce et le Pont, *Trapézus* (Trébizonde), les deux *Comana*, célèbres par leurs temples de Bellone; *Mazaca*, appelée plus tard *Césarée* (aujourd'hui Kaïsarieh); — dans la Cilicie, *Sélinonte* et *Tarse*.

L'Assyrie, à laquelle se trouvait annexée la *Mésopotamie*, était, sous Darius Ier, une des deux provinces de la neuvième satrapie; l'autre province était la *Babylonie* ou *Chaldée*. Le Tigre limitait l'Assyrie à l'O., et la séparait de la Mésopotamie ; il entrait ensuite dans la Babylonie, puis séparait cette contrée de la Susiane, pour se jeter enfin, grossi de l'Euphrate, dans le golfe Persique; les anciens lui conservaient son nom jusqu'à la mer ; les modernes appellent *Chat-el-Arab* toute la partie du fleuve qui se trouve au-dessous du con-

---

(1) Ces trois dernières îles appartiennent au groupe des Sporades.
(2) Ces deux derniers pays furent généralement considérés dans l'antiquité comme contenus dans les deux précédents : l'*Éolide*, presque entièrement dans la Mysie, et l'*Ionie*, dans la Lydie.

fluent de l'Euphrate et du Tigre. — A l'époque qui nous occupe, la grande ville de *Ninive*, ancienne capitale de l'Assyrie, n'existait plus. Mais *Babylone*, capitale de la Babylonie, avait conservé sa splendeur. — La Mésopotamie, que les Orientaux nommaient *Aram-Naharaïm*, c'est-à-dire la Syrie des fleuves, tirait son nom grec (signifiant au milieu des fleuves, μέσος ποταμός) de sa position entre l'Euphrate et le Tigre. Ses belles plaines étaient fertilisées par plusieurs canaux qui unissaient le bassin du Tigre à celui de l'Euphrate, et par le Chaboras ou Araxes (Khabour). On remarquait au confluent du Chaboras et de l'Euphrate *Carchémis*, appelée par la suite *Circésium*.

La PHÉNICIE formait, avec la Syrie centrale et méridionale, la Palestine et l'île de Cypre, la cinquième satrapie de l'empire Perse. Cette étroite contrée était resserrée entre le mont Liban et la mer Intérieure, et touchait la Syrie au N. et au N. E., et la Palestine au S. E. et au S. Les villes principales de la côte phénicienne étaient, du N. au S., *Arade*, sur une petite île; *Tripolis* (Tripoli); *Byblos*, près de la petite rivière Adonis; *Bérythe* (Beyrouth); *Sidon* (Saïde), qui fut longtemps la première ville de Phénicie; *Tyr* (Sour), colonie de Sidon, qu'elle surpassa bientôt en puissance et en richesse : elle devint la capitale de la Phénicie, fut détruite par Nabuchodonosor le Grand, et rebâtie par ses habitants sur une petite île voisine.

L'ÉGYPTE, située à l'extrémité N. E. de l'Afrique, était baignée au N. par la mer Intérieure, et à l'E. par la mer Rouge. Au N. E., l'isthme qu'on nomme aujourd'hui isthme de Suez l'unissait à l'Arabie. Elle ne présente, à l'E. et à l'O., que des déserts arides : la stérilité de la partie occidentale est néanmoins interrompue par la *Grande* et la *Petite Oasis*. Cette contrée est arrosée du S. au N. par le Nil, qui fertilise sa vallée par des inondations périodiques. Cette vallée est encaissée entre deux rangées de montagnes, dont l'une, à l'E., s'appelle chaîne *Arabique*, et l'autre, à l'O., chaîne *Libyque*. Le Nil entre en Égypte à l'île Philæ, en formant une cataracte célèbre, quoique peu élevée. Il se rend dans la mer Intérieure par sept bouches, qui s'appelaient, dans l'antiquité, *Canopique*, *Bolbitique*, *Sébennytique*, *Bucolique*, *Mendésienne*, *Saïtique* ou *Tanitique*, et *Pélusiaque*; ces bouches, indiquées ici dans l'ordre où elles se rencontrent de l'O. à l'E., n'ont pas toutes aujourd'hui le même aspect qu'autrefois : quelques-unes sont plus importantes qu'elles ne l'étaient, d'autres le sont moins; les branches principales actuelles sont la Bolbitique (branche de Rosette) et la Bucolique (branche de Damiette). On appelle *Delta* tout l'espace renfermé entre les deux branches les plus éloignées l'une de l'autre; cependant le *Delta proprement dit* est compris entre les deux branches principales. Divers canaux ont été dérivés du Nil à l'O., et plusieurs le faisaient communiquer avec le lac *Mœris*, creusé, dit-on, par un roi de même nom, pour recevoir les eaux surabondantes du fleuve, et pour servir à arroser le pays dans les années de trop faibles débordements. Le canal de *Néchao* joignait le Nil à l'extrémité N. O. de la mer Rouge. On remarquait le lac *Maréotis* près de la côte de la mer Intérieure, à l'O. du Delta; et le lac *Butique*, entre les bouches Bolbitique et Sébennytique. — L'Égypte se divisait en trois parties : la *Basse-Égypte*, comprenant le *Delta*, au N. ; la *Moyenne-Égypte* ou *Heptanomide*, au milieu, et la *Haute-Égypte* ou *Thébaïde*, au S.—On remarquait dans la Basse-Égypte *Péluse*, *Taniathis* (Damiette), *Bolbitine* (Rosette), *Canope* (Aboukir), *Rhacotis*, qui fut plus tard fort agrandie et nommée *Alexandrie* ; *Tanis*, *Saïs*, *Bubaste*, *Héliopolis* ou *On*, et *Babylone*. — Dans la Moyenne-Égypte, se trouvaient *Memphis*, avec ses pyramides gigantesques ; *Crocodilopolis*, plus tard nommée *Arsinoé*, non loin du Labyrinthe ; la *Grande-Hermopolis*. — Dans la Haute-Égypte, on voyait *Thèbes aux cent portes*, ou *la Grande-Diospolis* ; *Lycopolis* (Syout) ; *Tentyra* (Denderah) ; la *Grande-Apollinopolis*, et *Syène* (Açouan), en face de l'île d'Éléphantine.

VIII.

LA GRÈCE ANCIENNE. — 1. CONFIGURATION DU SOL DE LA GRÈCE. — MONTAGNES, FLEUVES, RIVAGES. — LIMITES ET DIVISIONS. — 2. LA GRÈCE CONTINENTALE, SES PRINCIPAUX ÉTATS. — 3. LE PÉLOPONNÈSE. — DIVISIONS. — VILLES PRINCIPALES. — 4. LES ILES — 5. COLONIES EN ASIE MINEURE. — 6. COLONIES DANS LA GRANDE-GRÈCE.

§ 1. Configuration du sol de la Grèce. — Montagnes, fleuves, rivages. — Limites et divisions.

La Grèce, située dans le S. de l'Europe, avait à l'O. et au S. la mer Ionienne, partie de la mer Intérieure, et à l'E. la mer Égée (Archipel) ; elle touchait vers le N. l'Épire et la Macédoine, qu'on a quelquefois comprises dans la Grèce même : ses limites de ce côté étaient déterminées par le golfe d'Ambracie, le Pinde et le mont Olympe. Elle se composait de trois parties principales : la *Grèce propre*, la presqu'île du *Péloponnèse*, unies par l'isthme de Corinthe, et les *îles*.

Cette contrée est en général couverte de montagnes, qui tempèrent la chaleur du climat ; la plupart sont revêtues de beaux bois, et des vallées agréables s'étendent à leurs pieds. Une grande chaîne de hauteurs parcourt le pays du N. au S., en séparant les eaux tributaires de la mer Égée de celles qui se jettent dans la mer Ionienne : elle va se terminer au promontoire de *Malée* : on y remarque le *Pinde*, le *Parnasse*, l'*Hélicon*, le *Cithéron* ; parmi les montagnes qui appartiennent aux ramifications de cette chaîne, on distingue, dans la Grèce propre, le mont *Olympe*, le mont *Ossa*, le *Pélion*, le mont *Œta*, qui forme, avec la mer *Égée*, le défilé des Thermopyles ; et le mont *Hymette*, célèbre par son miel ; — dans le Péloponnèse, le mont *Cyllène*, le mont *Érymanthe*, le *Lycée*, et le *Taygète*, dont l'extrémité méridionale forme le promontoire de *Ténare* (aujourd'hui cap Matapan).

La Grèce a des côtes découpées par d'innombrables golfes, havres et détroits : l'isthme de Corinthe est resserré entre le grand golfe de *Co-*

rinthe (de Lépante) et le golfe *Saronique* (d'Athènes); le Péloponnèse est échancré à l'E. par le golfe d'*Argolide* (de Nauplie), au S. par
ceux de *Laconie* (de Kolokythia) et de *Messénie* (de Coron) ; à l'O.
par celui de *Cyparisse* (d'Arcadia).

Dans la Grèce propre, on distingue, parmi les tributaires de la mer
Égée , le *Pénée* , le *Sperchius ;* et parmi ceux de la mer Ionienne, l'*A-
chéloüs* (Aspropotamos). Dans la partie orientale de la Grèce propre ,
se trouve le lac Copaïs, où va se jeter le *Céphisse* (1) (Mavropotamos).
— Dans le Péloponnèse, on remarque l'*Eurotas*, qui se jette dans le
golfe de Laconie, et l'*Alphée* (Rouphia) , qui se rend dans le golfe de
Cyparisse.

§ 2. La Grèce continentale, ses principaux états.

La Grèce continentale, ou la Grèce propre, renfermait, au N., la
Thessalie ; à l'O, l'*Acarnanie* et l'*Étolie ;* au milieu , la *Phocide* et la
Béotie ; et au S. E., l'*Attique*.

La Thessalie avait pour villes principales *Larisse*, *Tricca* (Tricala),
Pharsale, *Phères* , *Lamia* (Zeitoun).

L'Acarnanie renfermait *Stratos* , *Leucade* , dans l'île de Leucadie,
qui avait été d'abord une presqu'île unie à l'Acarnanie, mais qui en fut
séparée par un canal que les Corinthiens creusèrent.

Dans l'Étolie , se trouvaient *Thermos* , *Calydon*.

La Phocide, divisée en *Phocide proprement dite* , *Locride* et *Doride* , contenait *Delphes* , *Naupacte* (Lepante).

La Béotie avait pour villes remarquables *Thèbes* (Thiva), *Orcho-
mène, Chéronée, Coronee, Aulis* , connue par le départ des Grecs
pour la guerre de Troie ; *Leuctre* , *Platées* , *Tanagra*.

L'Attique , divisée en deux parties, l'*Attique propre* et la *Méga-
ride* , renfermait *Athènes*, avec ses ports du *Pirée* , de *Munychie* et
de *Phalère ; Marathon* , *Éleusis* , *Mégare*.

§ 3. Le Péloponnèse. — Divisions. — Villes principales.

Le Péloponnèse , qu'on appela d'abord *Apie*, et qui se nomme maintenant Morée, se composait de six pays : l'*Achaïe*, au N.; l'*Argolide*,
à l'E. ; la *Laconie*, au S. E.; la *Messénie*, au S. O. ; l'*Élide*, à l'O., et
l'*Arcadie* , au centre.

L'Achaïe , qui était divisée en *Achaïe propre*, *Sicyonie* et *Corin-
thie*, avait pour villes principales *Ægium, Patrées* (Patras), *Sicyone*,
Corinthe.

L'Argolide renfermait *Argos, Nauplie* , *Mycènes* , *Épidaure*, *Tré-
zène*.

La Laconie offrait *Sparte* ou *Lacédémone*, *Sellasie* , *Hélos*.

Dans la Messénie, on remarquait *Messène*, *Stényclare*, *Pylos*,
Méthone.

---

(1) Il ne faut pas confondre ce *Céphisse* avec le *Céphise*, petite rivière qui pas-
sait à Athènes, et un autre *Céphise* qui baignait Éleusis.

Les villes principales de l'Élide étaient *Élis, Olympie, Pise.*
L'Arcadie renfermait *Mantinée, Mégalopolis, Tégée, Caryées.*

§ 4. Les îles.

Les îles qu'on rattache à la Grèce se classent en trois divisions : *îles de la mer Égée, îles de la mer Intérieure proprement dite,* et *îles de la mer Ionienne.*

ÎLES DE LA MER ÉGÉE : — *Lemnos,* capitale *Myrina ;* — *Scyros ;* — *Eubée* (Négrepont ou Égripos), grande île séparée de l'Attique par un détroit qui porte le nom d'Euripe dans sa partie la plus étroite : capitale, *Chalcis ;* — *Salamine* (Colouri) et *Égine* (Enghia), dans le golfe Saronique ; — les *Cyclades* (c'est-à-dire les *îles rangées en cercle*), dont les principales sont *Andros, Ténos, Myconos, Délos, Syros, Naxos, Paros, Amorgos, Astypalée, Céos, Cythnos, Siphnos, Mélos, Théra.*

ÎLES DE LA MER INTÉRIEURE : — *Crète* (aujourd'hui Candie), grande île qui s'étend de l'E. à l'O., au S. de la mer Égée ; on y remarque le mont *Ida ;* le *Léthée* en est la principale rivière ; villes remarquables : *Cnosse, Gortyne, Cydonia* (la Canée).

ÎLES DE LA MER IONIENNE : — *Cythère* (Cérigo), près et au S. E. du golfe de Laconie.—*Zacynthe* (Zante) ; — *Céphallénie,* avec la ville de *Samé ;* — *Ithaque* (Téaki) ; — *Leucadie* (Sainte-Maure) ; — *Corcyre* (Corfou) appelée par Homère *île des Phéaciens.*

§ 5. Colonies dans l'Asie Mineure.

Les colonies grecques dans l'Asie Mineure étaient de trois origines : *éolienne, ionienne, dorienne.*

Les Éoliens s'établirent particulièrement sur les côtes de la Mysie, de la Lydie, de la Carie, et dans les îles de Lesbos et de Ténédos : les villes principales qu'ils bâtirent furent *Cume* ou *Cyme, Smyrne, Magnésie du Sipyle, Halicarnasse,* sur le continent ; et *Mitylène,* dans l'île de Lesbos ; mais, par suite des établissements postérieurs des Ioniens et des Doriens, ils perdirent les villes de Magnésie, de Smyrne, d'Halicarnasse, et l'Éolide ne s'étendit pas, sur le continent, au midi de l'Hermus.

Les Ioniens s'emparèrent des côtes occidentales de l'Asie Mineure depuis l'Hermus jusques et y compris l'emplacement de Milet, et ils occupèrent les îles de Chios et de Samos. Ils bâtirent *Phocée, Clazomènes, Téos, Colophon, Éphèse, Priène, Milet,* etc.

Les Doriens s'établirent sur les côtes de la Carie, dans une contrée qui prit le nom de *Doride,* et ils possédèrent les îles de Rhodes et de Cos. Leurs villes principales furent *Cnide, Halicarnasse,* sur le continent ; *Ialissos, Camiros, Lindos,* dans l'île de Rhodes.

De toutes ces villes, la plus florissante par le commerce fut Milet, qui se rendit maîtresse de la navigation du Pont-Euxin et de la Propontide, et qui établit, dit-on, jusqu'à 300 colonies sur les côtes de ces mers : elle fonda, entre autres, *Lampsaque,* sur l'Hellespont ;

Cyzique, Chalcédoine, sur la Propontide ; *Héraclée-Pontique, Sinope,* sur le Pont-Euxin, dans le N. de l'Asie Mineure ; Sinope donna
elle-même naissance à *Cotyora, Cérasus* et *Amisus.*

§ 6. Colonies dans la Grande-Grèce.

Beaucoup de Grecs émigrèrent dans l'Italie méridionale, et firent donner à ce pays le nom de *Grande-Grèce.* Colonies principales :
Cumes, Néapolis (Naples), *Élée,* d'origine éolienne ; — *Tarente,* et
ses colonies *Héraclée* et *Brindes,* d'origine dorienne ; — *Sybaris,
Crotone,* et leurs colonies *Laüs, Métaponte, Posidonie,* d'origine
achéenne ; — *Locres,* d'origine éolienne ; — *Rhegium,* que peuplèrent
des colonies successives de Messéniens, de Doriens et d'Eubéens.

IX.

**EMPIRE D'ALEXANDRE. — 1. SES LIMITES A LA MORT DU CONQUÉRANT.
— ÉTATS QU'IL RENFERMAIT. — 2. GÉOGRAPHIE SPÉCIALE DE LA MACÉ-
DOINE : LIMITES, MONTAGNES, FLEUVES, ET VILLES PRINCIPALES.—
3. THRACE. — 4. ITINÉRAIRE D'ALEXANDRE. — 5. INDE EN DEÇA DU
GANGE. — MONTAGNES, FLEUVES ET VILLES PRINCIPALES. — 6. EXPÉ-
DITION DE NÉARQUE.**

§ 1. Limites de l'empire d'Alexandre. — États qu'il renfermait.

L'empire d'Alexandre avait, en Asie, à peu près les mêmes limites
que l'empire des Perses, décrit au n° VII : c'est-à-dire le Pont-Euxin, le
Caucase, la mer Caspienne, l'Iaxartes, au N. ; l'Indus ou à peu près, à
l'E. ; la mer Erythrée, le golfe Persique, l'Arabie, au S. ; —en Europe,
il embrassait la péninsule enveloppée par le Pont-Euxin, la mer Egée,
la mer Intérieure, la mer Ionienne, l'Adriatique ; — en Afrique, il
comprenait l'*Egypte* et la partie de la *Libye* voisine de l'Egypte.

Les pays d'Europe soumis à Alexandre étaient : la *Macédoine,* la
Thrace (avec le pays des *Triballes*), l'*Illyrie méridionale,* l'*Épire,*
la *Grèce.*

Dans l'Asie, il possédait : l'*Asie Mineure* (excepté quelques cantons
qui conservèrent leur indépendance, comme la Bithynie) ; la *Syrie,*
la *Phénicie,* la *Palestine,* la partie de l'*Arabie* voisine de l'Egypte,
l'*Arménie,* la *Mésopotamie,* l'*Assyrie* ou *province d'Arbelles,* la *Babylonie,* la *Médie,* l'*Albanie,* la *Susiane,* la *Perse propre,* la *Carmanie,* la *Gédrosie,* l'*Arie,* la *Drangiane,* l'*Arachosie,* l'*Hyrcanie,* la
Parthie ou *Parthyène,* la *Sogdiane,* la *Bactriane,* le *Paropamise,*
l'*Inde citérieure,* c'est-à-dire la partie de l'Inde à la droite de l'Indus ; et les royaumes de *Taxile* et de *Porus,* situés aussi dans l'Inde,
mais à la gauche de l'Indus.

§ 2. Géographie spéciale de la Macédoine.

La Macédoine (aujourd'hui partie occidentale de la Romélie) s'étendait de l'E. à l'O., depuis le mont *Rhodope* et le fleuve *Nestos*, jusqu'aux monts *Bermius* et *Boras*, qui la séparaient de l'Illyrie méridionale. Elle touchait vers le S. la Thessalie et l'Épire, et vers le N. la Mœsie, dont elle était séparée par les monts *Orbélus* et *Scardus*; au S. E., elle était baignée par la mer Égée. Elle présentait sur cette dernière la presqu'île de *Chalcidique*, resserrée entre le golfe du Strymon et le golfe Thermaïque, et comprenant elle-même trois autres petites presqu'îles, dont la plus orientale est celle du mont *Athos*. — On remarquait vers la limite orientale de la Macédoine le mont *Pangée*, riche en mines d'argent.

Fleuves principaux : *Nestos*, *Strymon*, *Axios* ou *Axius*, *Haliacmon*, tributaires de la mer Égée.

Villes principales. — Dans la région comprise entre le Nestos et le Strymon : *Philippes*, *Amphipolis*. — Dans la région renfermée entre le Strymon et l'Axios : *Stagyre*, *Olynthe*, *Potidée*, *Therma* ou *Thessalonique* (Salonique). — Dans la région comprise entre l'Axios et la frontière occidentale : *Edesse*, qui avait été long-temps la capitale de la Macédoine; *Pella*, qui fut la capitale du royaume depuis le règne de Philippe, père d'Alexandre; *Méthone*, *Pydna*, *Dion*.

§ 3. Thrace.

Cette contrée (aujourd'hui partie orientale de la Romélie), située à l'E. de la Macédoine, était baignée à l'E. par le Pont-Euxin et le Bosphore de Thrace (détroit de Constantinople), au S. par la Propontide (mer de Marmara), l'Hellespont (détroit des Dardanelles) et la mer Égée. Au N., elle était bornée par le mont Hæmus (Balkan); cependant on comprit sous Alexandre, dans le gouvernement de la Thrace, des peuples situés au N. de cette chaîne, entre autres les *Triballes*.

La Thrace se terminait au S. par une péninsule longue et étroite qu'on nommait *Chersonèse de Thrace*, ou seulement *Chersonèse*. Trois îles de la mer Égée dépendaient de cette contrée : c'étaient *Samothrace*, *Imbros* et *Thasos*.

Le mont *Rhodope* (Despoto-dagh) s'élevait sur la limite occidentale et dans le S. O. de cette contrée. Le plus grand fleuve de la Thrace était l'*Hèbre* (Maritza), qui en arrosait l'O. et le milieu. Le fameux *Ægos potamos* n'est qu'un ruisseau de la Chersonèse, qui se perd dans l'Hellespont.

Villes principales : *Byzance*, qui prit dans la suite le nom de *Constantinople*, admirablement située à l'entrée méridionale du Bosphore de Thrace; *Périnthe* ou *Héraclée*, sur la Propontide; *Callipolis* (Gallipoli), *Sestos*, dans la Chersonèse; *Abdère*, sur la mer Égée; *Philippopolis* (Philippopoli), sur l'Hèbre, dans l'intérieur.

§ 4. Itinéraire d'Alexandre.

Alexandre, au moment de partir pour son expédition contre les Perses, célèbre des jeux et fait des sacrifices solennels à *Dion* ou *Dium*; il se rend ensuite à *Pella*, sa capitale, à *Therma*, à *Amphi-*

polis, à *Philippes*. Il franchit le *Nestos* à son embouchure, traverse le S. de la *Thrace*, pénètre dans la *Chersonèse*, et arrive à *Sestos*.

La plus grande partie de l'armée d'Alexandre passe l'Hellespont de *Sestos* à *Abydos* ; lui-même se rend dans le S. de la Chersonèse, à *Élæus*, où il s'embarque ; il aborde en Asie au *Port des Achéens*, puis se dirige au N. E., arrive à *Lampsaque*, remporte la victoire du *Granique* ; il tourne vers le S., et les villes de *Sardes*, d'*Éphèse*, de *Magnésie du Méandre*, se soumettent à lui ; *Milet* et *Halicarnasse* sont prises.—Il va à l'E., passe à *Phazélis*, en Lycie, et franchit près de là le défilé resserré entre le mont *Climax* et la mer.—A partir de *Side*, en Pamphylie, Alexandre revient vers le N. ; il va faire le siège de *Célènes*, en Phrygie. De là il gagne *Gordium*. Se dirigeant désormais au S. E., il traverse la Cappadoce, passe les *Pyles Ciliciennes*, défilé du mont Taurus, et arrive à *Tarse*, sur le Cydnus. Il fait une excursion au S. O. de Tarse, jusqu'à *Soles*. Il passe ensuite à *Malle*.

Alexandre remporte la victoire d'*Issus*, vers le défilé des *Pyles Syriennes* ; il suit les côtes de la Syrie et de la Phénicie, en recevant la soumission d'*Arade*, de *Byblos*, de *Sidon* ; fait le siège de *Tyr* ; se rend à *Jérusalem*, à *Gaza* ; il entre en Égypte, où il voit *Péluse*, *Memphis* ; il va de là au temple de *Jupiter Ammon*, situé dans une oasis du désert de Libye : pour l'exécution de ce voyage, il descend le Nil jusqu'à la mer, dont il longe le rivage, passe à *Canope*, ordonne la construction d'*Alexandrie*, s'arrête à *Parætonium*, où il tourne vers le S., pour s'enfoncer dans le désert. Il revient à Memphis par un chemin plus direct, parcourt de nouveau la Judée, passe à *Damas*, à *Thapsaque*, où il traverse l'*Euphrate* ; il franchit le *Tigre* vers l'emplacement de *Ninive*, et remporte à *Gougamela* la victoire qui porte le nom d'*Arbèles*, ville voisine. Il descend de là vers le S., passe à *Memnis*, et entre à *Babylone*.

De Babylone, Alexandre se rend à *Suse* ; il soumet les *Uxiens*, franchit le défilé des *Pyles Persiques*, et se trouve enfin à *Persépolis* ou *Istakhar*, capitale de la Perse. Pour poursuivre Darius, il remonte vers le N., et se porte sur *Ecbatane* ; il passe ensuite à *Rhages*, dans l'orient de la Médie, à *Hécatompyle*, capitale de la Parthie, à *Zeudra-Carta*, principale ville de l'*Hyrcanie* ; il traverse l'*Arie*, la *Drangiane*, l'*Arachosie*, le *Paropamise*, en passant par *Artacoana*, *Prophthasia*, *Arachotus*, capitales des trois premières de ces contrées, et en jetant les fondements de trois villes d'*Alexandria*. Il franchit le mont *Paropamise*, considéré par les Macédoniens comme faisant suite à la chaîne du *Caucase*. Il pénètre dans la *Bactriane*, en prend la capitale, *Bactre*, passe l'*Oxus*, entre dans la *Sogdiane*, s'empare de *Pierre-Oxienne*, place très-forte, de *Naulaca*, de *Pierre-Chorienne*, de *Maracanda*, et s'avance jusqu'à l'*Iaxartes*, nommée *Tanaïs* par les Macédoniens, et fonde sur ses bords *Alexandreschata* ; il élève près de là des autels destinés à marquer le terme de ses conquêtes dans le N. de l'Asie.

Il revient à *Alexandria du Caucase* (dans le Paropamise), et se dirige désormais à l'E. ; il passe le *Cophes*, et s'avance dans l'*Inde*, où il soumet les *Assacènes* et leur capitale *Massaga*, puis la forteresse d'*Aornos*; il passe l'*Indus* à *Taxila* (Attok), capitale des états du roi Taxile; traverse l'*Hydaspes*, malgré la résistance de Porus; fonde sur les bords de cette rivière *Bucéphala* et *Nicée*; franchit l'*Acésines* et l'*Hydraotes*, visite *Lahore*, capitale du roi Porus, et arrive à l'*Hyphasis*, vers le confluent de l'*Hysudrus*. Là, ses soldats le forcent à s'arrêter; il y élève des autels pour marquer le terme de son expédition; revenant sur ses pas, il fait construire une flotte, avec laquelle il descend l'*Acésines*; il traverse le pays des *Malles*. Au confluent de l'Acésines et de l'Indus, dans le pays des *Oxydraques*, il fonde une nouvelle *Alexandria*; il descend l'Indus à travers les pays des *Sabraques* et des *Sogdes*, et arrive à *Patala*, à l'endroit où le fleuve se partage en deux branches principales; il suit la plus occidentale, et se trouve enfin près de la mer Erythrée, à *Xylénopolis*.

De là il effectue son retour par terre, laissant la flotte à Néarque, qui devait la ramener par mer; il traverse le pays des *Horites*, qui avait pour capitale *Hora*; puis la *Gédrosie*, dont la plus grande partie était habitée par les *Ichthyophages*; ensuite la *Carmanie*. Il rentre dans la *Perse propre*, passe à *Pasagarde*, revoit *Persépolis*, et revient dans la *Susiane*; il y retrouve, sur le *Coprates*, affluent du *Pasitigris*, les troupes de mer ramenées par Néarque; il séjourne de nouveau à *Suse*, descend l'*Eulœus* jusqu'au *golfe Persique*, remonte le *Tigre* jusqu'à *Opis*; retourne à *Ecbatane*; va soumettre les *Cosséens*, peuple belliqueux des montagnes situées entre la Médie et la Susiane, et revient enfin à *Babylone*, où il termine ses jours.

§ 8. Inde en deçà du Gange. — Montagnes, fleuves, et villes principales.

L'Inde en deçà du Gange, qui est à peu près l'Hindoustan actuel, se prolongeait considérablement au S., entre la mer Erythrée, à l'O., et le golfe du Gange (du Bengale), à l'E. Les monts *Émodes* (Himalaya) la bornaient au N.; le *Gange* la limitait au N. E., en recevant à droite le *Jomanes* (Djemnah). L'*Indus* (aujourd'hui Sind) la parcourait au N., en recevant à droite le *Cophes* (Caboul), et à gauche une grande rivière formée par la réunion 1° de l'*Acesines* (Tchenab), qui reçoit l'*Hydaspes* (Djelem) et l'*Hydraotes* (Ravy); 2° de l'*Hyphasis* (Gharra, et, plus haut, Béyah), augmenté lui-même de l'*Hysudrus* (Setledje).

Les anciennes descriptions de l'Inde en deçà du Gange indiquent vaguement quelques divisions de ce pays : l'*Inde citérieure*, à la droite de l'Indus; l'*Indo-Scythie*, le long de la rive orientale du même fleuve; la *Prasiaque*, vers la partie moyenne du cours du Gange; la *Patalène*, vers les bouches de l'Indus; le *Dachinabades* et le pays de *Pandion*, dans le S. de la presqu'île. Nous avons déjà vu que, vers les rives de l'Indus, les principaux peuples étaient les *Assacènes*, les *Malles*, les *Oxydraques*, les *Sogdes*. Vers les bouches du Gange, habitaient les *Gangarides*. — Dans l'itinéraire d'Alexandre, nous avons nommé les principales villes des bords de l'Indus et de ses affluents. Les anciens géographes citent, en outre, dans l'Inde en deçà du Gange,

Serinda (Sirhind), entre l'Hysudrus et le Jomanes; *Palibothra*, grande ville, sur le Gange, dont l'emplacement est un sujet de doute; *Barygaza* (Barotch), vers la mer Érythrée. — L'île *Taprobane*, décrite par les anciens, est sans doute la même que la moderne Ceylan.

§ 6. Expédition de Néarque.

Cet amiral macédonien fait descendre la flotte sur le bras occidental de l'Indus, au-dessous de *Xylénopolis*, et navigue ensuite dans la mer *Érythrée*; le premier port où il s'abrite est celui de *Crocala*; il passe devant l'embouchure de l'*Arabis*, qui séparait le pays des *Arabites* de celui des *Horites*; puis devant celle du *Tomerus*; il voit le promontoire *Malana*, s'arrête successivement à *Bagasira*, *Calama*, *Mosarna*, *Bolomus*, *Canasida* ou *Tisa*, *Thræsi*, sur la côte des *Ichthyophages*. — Néarque entre ensuite dans le golfe Persique, laisse quelque temps sa flotte à l'embouchure de l'*Anamis*, en Carmanie, et remonte par terre jusqu'à *Salmus*, où il revoit Alexandre; il retourne à sa flotte, la fait passer entre le continent et les îles d'*Organa* (Ormuz) et *Oaracta* (Keichme); il longe la côte de la Perse propre, où il s'arrête quelque temps à l'embouchure du *Sitacus* ou *Cyrus*; après l'embouchure de l'*Arosis*, il se trouve sur la côte de la *Susiane*; il rencontre le *golfe Vaseux*, dans lequel viennent se jeter le *Tigre* et le *Pasitigris*; il remonte ce dernier, et rejoint enfin Alexandre sur le *Coprates*, affluent du Pasitigris.

X.

DÉMEMBREMENT DE L'EMPIRE D'ALEXANDRE. — 1. ROYAUMES DE MACÉDOINE, D'ÉGYPTE, DE SYRIE. — ÉTENDUE ET LIMITES DE CHACUN DE CES ÉTATS A LA MORT DE PTOLÉMÉE Ier. — 2. VILLES PRINCIPALES DU ROYAUME DE SYRIE. — 3. ROYAUMES DE PERGAME, DE PONT, DE BITHYNIE, DE PARTHIE, DE BACTRIANE. — ÉTENDUE ET LIMITES, VILLES PRINCIPALES.

§ 1. Royaumes de Macédoine, d'Égypte, de Syrie. — Étendue et limites de chacun de ces états à la mort de Ptolémée Ier.

A la mort d'Alexandre, ses généraux se disputèrent son vaste empire. Après de longs et sanglants débats, la bataille d'*Ipsus*, en Phrygie, amena le partage de cette monarchie en quatre royaumes : ceux de *Macédoine*, de *Thrace*, de *Syrie* et d'*Égypte*.

Le royaume de Thrace, formé de la Thrace proprement dite et de l'Asie Mineure jusqu'au Taurus (c'est-à-dire de la *Petite Phrygie*, comprenant la *Mysie*, de la *Lydie*, de la *Carie*, de la *Paphlagonie*, de la *Grande Phrygie*), dura fort peu de temps, et les diverses parties qui le composaient retournèrent à des princes indigènes ou passèrent au royaume de Syrie.

Le royaume de Macédoine, après beaucoup de variations dans son étendue depuis la bataille d'Ipsus, comprenait, vers l'époque de la mort de Ptolémée Ier et de Démétrius Poliorcètes (l'an 284 av. J. C.), 1° la *Macédoine proprement dite*; 2° la ville de *Démétriade* en Thessalie; 3° la *Locride*, la *Phocide*, l'*Achaïe, Corinthe* et *quelques autres villes du Péloponnèse*; 4° la plupart des *îles de la mer Égée.*

Le royaume d'Egypte, le premier de ces quatre royaumes qui fut établi d'une manière stable, se composait des pays suivants : 1° l'*Égypte proprement dite*, et la partie de l'*Arabie* qui en est voisine ; 2° la *Marmarique* et la *Cyrénaïque*; 3° la *Palestine*, la *Phénicie*, la *Cœlé-Syrie* (partie de la Syrie principalement renfermée entre le Liban et l'Anti-Liban); 4° l'île de *Cypre*; 5° les *côtes méridionales de l'Asie Mineure* (c'est-à-dire les côtes de la *Carie*, de la *Lycie*, de la *Pamphylie* et de la *Cilicie*); 6° les *côtes de la Thrace*; 7° plusieurs des *Cyclades*.

Le royaume de Syrie embrassait la *Syrie proprement dite*, la *Cappadoce*, l'*Arménie*, et toutes les provinces de la *Haute-Asie* situées entre l'Euphrate, l'Indus et l'Oxus; Séleucus-Nicator partagea ce vaste empire en 72 satrapies.

§ 2. Villes principales du royaume de Syrie.

Dans la Syrie proprement dite (dont il faut distraire la Cœlé-Syrie, soumise à l'Égypte, avec ses villes principales, *Héliopolis* et *Damas*), on remarquait : *Samosate* (Sémisat) et *Zeugma*, sur l'Euphrate, dans la province de Comagène; — *Chalybon* ou *Berœa* (Alep), dans la province de Cyrrhestique ; — *Antioche* (Antakieh), magnifique capitale du royaume, sur l'Oronte ; *Laodicée-sur-Mer* (Ladikieh), *Apamée* (Famieh), *Épiphania* ou *Hémath* (Hama), et *Émèse* (Hems), dans la province de Séleucide; — *Palmyre*, dans la province de Palmyrène.

Parmi les villes des autres parties de l'empire des Séleucides, on peut remarquer : *Séleucie*, fondée par Séleucus Nicator, dans la Babylonie, sur la rive droite du Tigre, pour ruiner *Babylone*, qui fut bientôt en effet désertée par ses habitants; *Apamée* ou *Digba* (Corna), aussi dans la Babylonie, au confluent du Tigre et de l'Euphrate ; *Édesse* ou *Calirrhoé* (Orfa), peut-être la même que l'antique ville d'*Ur*, dans la Mésopotamie ; *Ecbatane*, en Médie, etc.

§ 3. Royaumes de Pergame, de Pont, de Bithynie, de Parthie, de Bactriane. — Etendue et limites, villes principales.

Le royaume de Pergame, dans l'O. de l'Asie Mineure, fut un des états formés du démembrement du royaume de Thrace. Composé d'abord de la ville de Pergame et du voisinage, il s'accrut ensuite considérablement, et finit par embrasser tous les pays compris entre la Propontide, la mer Égée, le Méandre et le mont Taurus, c'est-à-dire à peu près les deux *Phrygies* et une grande portion de la *Lydie*. *Pergame*, la capitale, devint une des plus magnifiques villes d'Asie :

les **autres** villes étaient *Sardes*, *Éphèse*, *Alexandria-Troas* ou *Antigonia*, etc.

Le royaume de Pont, qui tirait son nom du Pont-Euxin, sur la côte duquel il était situé, occupait une assez grande partie du nord de l'Asie Mineure; il fut longtemps compris entre l'Halys, à l'O., et le Bathys, à l'E. Le Pont conserva ses rois au milieu de l'empire des Perses et de celui d'Alexandre; mais ils ne jouirent guère d'une indépendance complète jusqu'à Mithridate II et Mithridate III, qui lui donnèrent plus d'importance, dans le temps des guerres des successeurs d'Alexandre. Plusieurs provinces y furent successivement ajoutées; enfin, à l'avénement de Mithridate VII (123 av. J. C.), cette monarchie comprenait, outre le *Pont proprement dit*, une partie de la *Paphlagonie orientale*, de la *Cappadoce septentrionale*, et la *Grande Phrygie*. Les villes les plus peuplées et les plus riches de cet état étaient : *Sinope*, qui en devint la capitale sous Mithridate VI; *Amisus*, *Cotyora*, *Cérasus*, *Trapézus*. Le célèbre Mithridate VII parvint à se rendre maître de toute l'*Asie Mineure*, de la *Colchide*, et du petit royaume du *Bosphore*, situé au N. du Pont-Euxin, sur les deux rives du Bosphore Cimmérien, et dont la capitale était *Panticapée*.

Le royaume de Bithynie, situé dans le N. O. de l'Asie Mineure, et baigné au N. par le Pont-Euxin, à l'O. par la Propontide, conserva ses rois indigènes au milieu des conquêtes d'Alexandre et des luttes de ses lieutenants. Ses limites ont varié; à l'époque de sa plus grande puissance, il comprenait, outre la *Bithynie propre*, une grande partie de la *Paphlagonie*. Villes principales : *Nicomédie* (Ismid ou Isnik-mid), capitale du royaume; *Chalcédoine*, *Antigonia de Bithynie* ou *Nicée* (Isnik), *Prusa* (Brousse), *Héraclée-Pontique* (Érékli).

Le royaume de Parthie fut fondé, l'an 255 avant J. C., par Arsace, qui se rendit indépendant de l'empire des Seleucides. L'état de ce prince ne comprenait d'abord que la *Parthie propre* ou *Parthyène*, située au S. E. de la mer Caspienne, entre l'Hyrcanie, la Médie, la Perse propre, la Carmanie, l'Arie et la Bactriane. Le midi de cette contrée se trouvait sur le plateau de la Perse; le nord appartenait aux bassins de l'Ochus et de l'Oxus. Peu à peu l'empire des Parthes s'augmenta de l'*Hyrcanie*, du pays des *Mardes*, situé à l'O. de l'Hyrcanie; de la *Médie*, de l'*Assyrie*, de la *Babylonie*, de la *Mésopotamie méridionale*, de la *Susiane*, de la *Perse propre*, de la *Bactriane*, etc.; et il comprit enfin toutes les régions renfermées entre l'Oxus et la mer Caspienne, au N., l'Euphrate, à l'O., la mer Erythrée, au S., et l'Indus, à l'E.

Les principales villes de la Parthie propre étaient : *Hécatompyle*, capitale de cette contrée, et résidence d'été des souverains parthes ; *Nisée* ou *Parthaunisa; Dara*, dans une position inexpugnable. Parmi les villes nombreuses du reste de l'empire, il faut remarquer *Ctésiphon*, située dans la Babylonie, sur la rive gauche du Tigre, en face de Séleucie, et qui devint la capitale de la monarchie des Parthes.

Le royaume de Bactriane fut fondé par Théodote, vers l'an 255 av. J. C. , d'une partie de l'empire des Séleucides. A la *Bactriane propre*, qui était comprise entre l'Oxus, au N., le Margus, à l'O., et le mont Paropamise, au S., les successeurs de Théodote joignirent plusieurs pays voisins, conquis particulièrement sur les *Scythes* et sur les *Indiens*; mais cette monarchie ne tarda pas à être subjuguée par les Parthes. La capitale était *Bactre* ou *Zariaspa* (Balkh).

XI.

ITALIE ANCIENNE.—1. GÉOGRAPHIE PHYSIQUE DE L'ITALIE.—GOLFES, LACS, FLEUVES, MONTAGNES. — 2. LE LATIUM. — 3. TOPOGRAPHIE DE ROME. — 4. ACCROISSEMENTS SUCCESSIFS DE LA DOMINATION ROMAINE EN ITALIE JUSQU'A L'ENTIÈRE SOUMISSION DE CETTE CONTRÉE. — 5. ÉTENDUE, LIMITES, POPULATION, VILLES PRINCIPALES DES DIVERSES PARTIES DE L'ITALIE ANCIENNE. — 6. ILES

§ 1. Géographie physique de l'Italie.

L'Italie, que les anciens ont aussi nommée *Saturnie*, *Œnotrie*, *Ausonie* et *Hespérie*, forme une longue presqu'île, dirigée du N. O. au S. E., et baignée à l'E. par la mer Adriatique ou Supérieure, au S. E. par la mer Ionienne, au S. par la mer de Sicile, à l'O. par la mer Tyrrhénienne ou Inférieure, et par la mer Intérieure proprement dite. Celle-ci y forme le grand golfe *Ligustique* (de Gènes) ; la mer Tyrrhénienne présente beaucoup de golfes, dont les plus remarquables sont le golfe *Crater* (de Naples) et celui de *Pæstum* (de Salerne) ; le profond golfe de *Tarente* s'offre au S. E. ; à l'E., dans l'Adriatique, on remarque le golfe *Urias* (de Manfredonia), situé au S. du vaste promontoire du mont Garganus (Gargano) ; dans le N. de cette mer sont les golfes *Flanatique* (de Quarnero) et de *Tergeste* (de Trieste).—Les *Alpes* se montrent dans le N. O. et le N. de l'Italie, tantôt sur la limite, tantôt dans l'intérieur de cette contrée. L'*Apennin*, qui est comme la continuation des Alpes, parcourt l'Italie centrale et méridionale. Sur la côte occidentale de la péninsule s'élève le *Vésuve*, qui, sous le règne de Titus, l'an 79 de J. C., fit sa première éruption connue.

Au fond du grand et magnifique bassin fermé au S. par l'Apennin, à l'O. et au N. par les Alpes, coule le *Padus* ou *Éridan* (Pô), qui se rend dans la mer Adriatique, grossi, à droite, du *Tanarus* (Tanaro), de la *Trébie* (Trebbia) ; à gauche, de la *Petite Duria* (Doire Ripaire), de la *Grande Duria* (Doire Baltée), du *Tésin* ou *Ticinus*, qui forme le lac *Verbanus* (Majeur) ; de l'*Addua* (Adda), qui forme le lac *Larius* (de Côme) ; du *Mincius* (Mincio), qui sort du lac *Benacus* (de Garde). — L'*Athésis* (Adige), le *Grand Medoacus* (Brenta), le *Petit Medoacus* (Bacchiglione), le *Plavis* (Piave), se jettent dans l'Adriatique, au N. des bouches de l'Éridan. — Au S. du même fleuve, cette mer reçoit la petite rivière si célèbre sous le nom de *Rubicon* (Fiumesino) ; le *Metaurus* (Metauro), l'*Aufidus* (Ofanto). — Les principaux tributaires de la mer Tyrrhénienne sont : le *Vulturne* (Volturno), le *Liris* (Liri et Garigliano), le *Tibre* ou *Tiberis* (aujourd'hui, en italien, Tevere), qui se grossit, à gauche, du *Nar* (Nera), et de l'*Anio* (Teverone), enfin l'*Arnus* (Arno). Le *Clanis* (Chiana), coulant à la fois vers le N. et vers le S., se jette dans l'Arnus et dans le Tibre. — La *Macra* (Magra) se jette dans le golfe Ligustique.

Outre les lacs que nous avons vus dans le bassin du Padus, on remarque encore en Italie : le lac *Trasimène* (de Pérouse), le lac marécageux de *Clusium* (de Chiusi), traversé par le Clanis ; le lac de *Vulsinii* (de Bolsena), et le lac *Fucinus* (Fucino ou Celano), situés tous dans l'Italie centrale.

<h3 style="text-align:center">§ 2. Le Latium.</h3>

Le Latium, situé vers le milieu de l'Italie, et borné au N. par l'Anio, au N. O. par le Tibre, à l'O. et au S. O. par la mer Tyrrhénienne, ne s'étendait d'abord vers le S. que jusqu'au promontoire de Circé (cap Circello). Dans la suite, les Romains y ajoutèrent d'autres territoires plus méridionaux, qui allèrent jusqu'au Liris, et qui prirent le nom de *Nouveau-Latium*. — Plusieurs peuples habitaient ce pays : on distinguait surtout, au N., les *Latins proprement dits*, les *Èques*, les *Herniques*, les *Rutules* ; au S., les *Volsques*, les *Aurunces*. Outre *Rome*, les principales villes de cette contrée étaient : au N., *Tibur* (Tivoli), sur l'Anio ; *Præneste* (Palestrine), capitale des Èques ; *Gabies, Tusculum* (Frascati), située près du petit lac Régille, et capitale des Latins proprement dits ; *Albe-la-Longue* ; *Ostie*, port de Rome, à l'embouchure méridionale du Tibre ; *Laurentum* ; *Lavinium* ; — à l'O., *Ardée*, capitale des Rutules ; — au S., *Suessa Pometia*, capitale des Volsques ; *Velitræ* (Velletri), *Antium*, *Priverne* (Piperno), *Arpinum* (Arpino), *Aquinum* (Aquino), *Anxur* ou *Terracine, Casinum, Minturnes, Cajeta* (Gaète), *Sinuessa*.

<h3 style="text-align:center">§ 3. Topographie de Rome.</h3>

Ce fut sur le mont *Palatin*, près de la rive gauche du Tibre, que Romulus fonda une ville, assemblage de cabanes grossières, auquel il donna une forme carrée. Tatius, roi des Sabins, étant venu s'établir dans les mêmes lieux avec une partie de son peuple, occupa le mont *Tarpéien*, appelé depuis *Capitolin*, situé un peu au N. O. du premier mont, et qui fut alors renfermé dans la nouvelle ville. Numa y ajouta une partie du mont *Quirinal*, placé au N. ; Tullus Hostilius, le mont *Célius*, au S. ; et Ancus Martius, le mont *Aventin*, aussi vers le S. Servius Tullius construisit un mur en pierres de taille autour de Rome, et y comprit le mont *Esquilin*, à l'E., le mont *Viminal*, au N., et le reste du *Quirinal* ; à l'O., le mur s'avançait un peu à la droite du Tibre, jusqu'au pied du mont *Janicule* ; cette enceinte de la métropole romaine resta la même jusqu'à Sylla, qui l'agrandit un

2.

peu. Plusieurs empereurs firent ensuite des augmentations partielles ; enfin Aurélien bâtit, en 271 après J. C., le mur qui a porté son nom, et qui pouvait être d'une étendue d'environ 18,000 mètres. Rome était traversée par 31 rues principales, qui partaient toutes du *Milliaire doré*, placé au centre de la ville, près de la colonne Trajane. Sept ponts, dont le plus méridional était le pont Sublicius, réunissaient les deux rives du Tibre. Plus de quarante portiques garnis des marchandises les plus riches, un grand nombre de cirques, d'amphithéâtres (dont le plus célèbre fut l'amphithéâtre Flavien, aujourd'hui Colysée), des arcs de triomphe, d'immenses thermes, des statues innombrables, des aqueducs, des tombeaux superbes, le vaste Champ de Mars, situé dans le N. O., près de la rive gauche du Tibre, enfin plus de cinq cents temples, parmi lesquels on distinguait le Panthéon (dans le N. O.) tels étaient les principaux ornements de la capitale de l'empire Romain. Le célèbre *Forum* était vers le centre de la ville, à l'E. du Capitole.

§ 4. Accroissements successifs de la domination romaine en Italie jusqu'à l'entière soumission de cette contrée.

Jusqu'au IIIe siècle av. J. C., la puissance de Rome, resserrée par les Étrusques ou Toscans, au N. O., par les Sabins, au N. E., par les peuples latins et samnites, au S. E et à l'E., et vivement comprimée un instant par les invasions des Gaulois, ne prit pas une grande extension ; mais, après les guerres du Samnium et contre Pyrrhus, la domination des Romains se trouva fort agrandie, et s'étendit depuis a *Macra* et le *Rubicon* jusqu'aux extrémités méridionales de la péninsule, et de la mer Adriatique à la mer Tyrrhénienne : par conséquent sur toute l'*Italie centrale* ou *proprement dite* (Latium, Sabinie, Étrurie, Ombrie, Picénum, Samnium, Campanie) et sur l'*Italie méridionale* ou *Grande-Grèce* (Apulie, Lucanie, Messapie, Bruium). Peu après, les Romains soumirent la *Gaule Cisalpine* (avec a presqu'île d'*Histrie*), c'est-à-dire toute l'*Italie septentrionale*. Ainsi la république vit sous son obéissance l'Italie entière, où elle comptait une foule de colonies, et où elle admit plusieurs villes, plusieurs peuples, au *droit de cité*, tandis que d'autres étaient simplement ses *tributaires* ou ses *alliés*.

§ 5. Étendue, limites, population, villes principales des diverses parties de l'Italie ancienne.

L'ITALIE SEPTENTRIONALE ou la GAULE CISALPINE se divisait en quatre parties : 1° la GAULE TRANSPADANE, située au N. du Pô et peuplée de nations gauloises, telles que les *Insubriens*, les *Orobiens*, les *Cénomans* ; villes principales : *Mediolanum* (Milan), *Côme*, *Ticinum* (Pavie), *Crémone*, *Mantoue*, *Taurasia* (Turin), *Segusio* (Suse) ; — 2° la GAULE CISPADANE, située au S. du Pô, et dont les principaux peuples, d'origine gauloise, étaient les *Anamans*, les *Boiens*, les *Lingons* ; villes principales : *Placentia* (Plaisance), *Parme*, *Mutina* (Modène), *Bononia* (Bologne), *Ravenne* ; — 3° la LIGURIE, placée entre le Pô

et le golfe Ligustique ; les *Liguriens*, Celtes d'origine , avaient pour
villes remarquables : *Genua* (Gênes), *Albium-Ingaunum* (Albenga);
—4° la Vénétie , qui entourait l'extrémité septentrionale de la mer
Adriatique, et qui comprenait à l'E. la *Carnie* et la presqu'île d'*Histrie*;
elle tirait son nom de sa nation principale , les *Vénètes* ou *Hénètes* ,
d'origine celtique; villes principales : *Patavium* (Padoue), *Vérone* ,
Adria ou *Hadria* (qui a donné son nom à la mer Adriatique), *Aqui-
lée, Tergeste* (Trieste), *Pola.*

L'Italie centrale ou propre renfermait : 1° l'Ombrie ou Umbrie ,
dont l'embouchure du Rubicon marquait l'extrémité septentrionale ,
et qui était bornée à l'E. par l'Adriatique, à l'O. par l'Apennin et le
Tibre. Elle fut pendant longtemps habitée par les *Gaulois Sénonais ;*
villes principales : *Ariminium* (Rimini), *Camerinum* (Camerino) ;
Spolète.—2° Le Picénum, situé au S. E. de l'Ombrie , entre l'Apennin
et l'Adriatique; peuples principaux : les *Picènes* ou *Picentes*, les *Præ-
tutiens ;* villes remarquables : *Ancône* , *Asculum* (Ascoli) , *Adria*
(Atri). — 3° L'Étrurie, appelée aussi *Tuscie* ou *Tyrrhénie*, et renfermée entre la Macra , l'Apennin , le Tibre et les mers Inférieure et
Tyrrhénienne ; les habitants s'appelèrent d'abord *Rasènes ;* le nom de
Tyrrhènes, qui leur fut imposé par les Grecs, venait de celui d'une
colonie lydienne établie sur cette côte; les Romains leur donnèrent
celui de *Tusciens* ou *Thasciens* , plus particulièrement appliqué à la
caste des prêtres de la nation ; et c'est ce dernier qui a formé les dénominations d'*Étrusques* et de *Toscans*. Villes principales : *Fæsulæ*
(.Fiesoli), *Florentia* (Florence), *Arretium* (Arezzo), *Pérouse*.
Clusium (Chiusi) , *Vulsinii* (Bolsena), *Falérie*, capitale des Falis-
ques , *Tarquinies* , *Cære* ou *Agylla*, *Véies.* — 4° La Sabinie , ainsi
nommée de son peuple principal, les *Sabins*, et comprise entre l'A-
pennin , le Tibre et l'Anio; villes principales : *Amiterne* , *Reate*
(Rieti), *Cures, Fidène ;* on trouvait dans le S. de la Sabinie la petite
rivière *Allia* et le mont *Sacré.* — 5° Le Latium (déjà décrit au § 2).
— 6° Le Samnium, qui , situé à l'E. du Latium et au S. E. du Picénum, touchait au N. la mer Adriatique, et descendait au S. jusqu'au
golfe de Pæstum, formé par la mer Tyrrhénienne ; principaux peuples
samnites : les *Vestins*, les *Marrucins*, les *Marses*, les *Samnites proprement dits*, les *Caudins*, les *Hirpins*, les *Picentins ;* villes : *Teate*
(Chieti), *Marrubium, Corfinium, Anxanum, Bénévent, Cau-
dium , Salerne.* —7° La Campanie , resserrée entre le Latium , le
Samnium et la mer Tyrrhénienne, et qu'ont peuplée les *Ausones* et
les *Osques* ou *Vesques ;* villes remarquables : *Venafrum* (Venafro),
Teanum (Tiano), *Suessa Aurunca* (Sezza), *Vullurnum, Capoue,
Casilinum, Nola, Liternum, Cumes, Puteoli* (Pouzzole), *Baïes*
(Baja), *Neapolis* (Naples), nommée d'abord *Parthénope ; Hercu-
lanum, Pompeii* ou *Pompeia*, et *Stabiæ*, toutes trois détruites par
l'éruption du Vésuve l'an 79.

La Grande-Grèce ou Italie méridionale se divisait en quatre parties : 1° l'Apulie (nommée depuis *Pouille* ou *Puglia*), qui s'étendait
entre l'Apennin et la mer Adriatique, et qui comprenait le promontoire du Garganus ; elle eut pour habitants les *Dauniens* , d'origine

grecque, et les *Peucétiens*, regardés comme une branche des Liburniens, venus de l'Illyrie. Villes principales : *Arpi* ou *Argyripa*, *Luceria* (Lucera), *Cannes*, *Canusium* (Canosa), *Venusia* (Venosa), *Barium* (Bari). — 2° La MESSAPIE OU IAPYGIE, presqu'île resserrée entre le golfe de Tarente et la mer Adriatique ; peuples principaux : *Messapiens proprement dits, Calabrois, Salentins*. Villes : *Tarente, Brundusium* (Brindes ou Brindisi). — 3° La LUCANIE, entre le golfe de Tarente, à l'E., et la mer Tyrrhénienne, à l'O. ; primitivement habitée par les *Œnotriens*, qui furent chassés par les *Lucaniens*, d'origine samnite. Villes : *Pæstum* ou *Posidonia* (Pesto), *Helea* ou *Elea, Métaponte, Héraclée, Sybaris* (ensuite nommée *Thurium*). — 4° Le BRUTIUM, qui formait la partie la plus méridionale de l'Italie, c'est-à-dire la presqu'île située au S. O. du golfe de Tarente et resserrée entre la mer Ionienne, la mer de Sicile et la mer Tyrrhénienne. Les *Brutiens*, d'abord simples esclaves des Lucaniens, étaient parvenus à se soustraire au joug de leurs maîtres ; ce qui leur mérita leur nom, qui signifiait en lucanien *rebelles*. Villes : *Mamertum* (Oppido) ; *Scylla* (Scilla), près d'un écueil du même nom ; *Rhegium* (Reggio) ; *Locres, Crotone* (Cotrone).

§ 6. Iles.

Il y a trois grandes îles italiennes : la *Sicile*, la *Sardaigne*, et la *Corse*.

La SICILE est séparée de la péninsule italienne par le détroit de Sicile (Phare de Messine) ; sa forme triangulaire et ses trois caps remarquables (Pélore, Lilybée, Pachynum), aux extrémités N. E., occidentale et S. E., l'ont fait aussi nommer *Trinacrie ;* elle portait également le nom de *Sicanie*. Sur sa côte orientale, s'élève le mont *Etna*. La fécondité de cette contrée la fit surnommer le *Grenier de Rome*. Les *Lestrygons* et les *Cyclopes* en avaient été, dit-on, les habitants primitifs. Les Phéniciens, les Grecs, les Carthaginois et les Romains y dominèrent tour à tour. La Sicile est divisée en trois versants : l'un au N., exposé vers la mer Tyrrhénienne ; le second à l'E., vers la mer de Sicile ; et le troisième au S., vers la mer Intérieure. Villes principales : sur le versant du N., *Myles* (Milazzo), *Tyndaris, Himera, Panorme* (Palerme), *Ségeste* ou *Égeste, Drepanum* (Trapani) ; — sur le versant oriental, *Zancle*, plus tard *Messana* (Messine) ; *Tauromenium* (Taormina), *Catane*, la *Grande* et la *Petite Hybla, Leontini* ou *Leontium* (Lentini), *Syracuse ;* — sur le versant méridional, *Gela, Enna, Agrigente* (Girgenti), *Sélinonte*. — Il faut encore remarquer *Lilybée* (Marsala), sur le promontoire du même nom, à l'extrémité occidentale de l'île.

La SARDAIGNE, ou plutôt SARDINIE, fut d'abord appelée *Ichnusa* ou *Sandaliotis* par les Grecs. Elle fut peuplée successivement par des colonies lydiennes, hispaniques, grecques, troyennes, phéniciennes, carthaginoises et romaines. Villes principales : *Olbia, Turris Libissonis*, au N ; *Caralis* (Cagliari), au S.

La CORSE OU CORSIQUE, située au N. de la Sardaigne, et séparée de celle-ci par le détroit de *Taphros* (Bouches de Bonifacio) , a été appelée *Cyrnos* par les Grecs. Elle fut peuplée par des colonies phéniciennes, grecques, carthaginoises et romaines. Villes principales : *Nicée* ou *Mariana* et *Aleria*, à l'E.

On remarque, en outre, plusieurs petites îles italiennes : autour de la Sicile, les îles d'*Éole* (de Lipari), au N. ; les îles *Égates* ou *Égades*, à l'O. ; *Melita* (Malte), au S. ; — sur la côte occidentale de l'Italie, *Ilva* (Elbe), *Planasia* (Pianosa), *Pontia* (Ponza), *Pandataria* (Vandotena), *Pithecusa* (Ischia) , *Caprées* (Capri).

XII.

EMPIRE ROMAIN. — 1. SON ÉTENDUE ET SES LIMITES SOUS AUGUSTE. — 2. DIVISIONS ET SUBDIVISIONS DES PROVINCES. — POPULATION, RICHESSES, COMMERCE DE CES PROVINCES. — LEURS VILLES PRINCIPALES. — 3. DIVISION DE L'EMPIRE AU QUATRIÈME SIÈCLE. — PRÉFECTURES, DIOCÈSES, PROVINCES.

§ 1. Étendue et limites de l'empire romain sous Auguste.

Vers la fin du règne d'Auguste, l'empire romain avait pour bornes : au N., le Pont-Euxin, le Danube, le Rhin, l'océan Germanique, le détroit de Gaule, l'océan Britannique, au delà duquel cependant une petite partie de l'île de Bretagne était déjà conquise ; à l'O., l'océan Atlantique ; au S., le mont Atlas, les déserts de la Libye, l'Éthiopie au-dessus de l'Égypte, les déserts de l'Arabie ; à l'E., l'Euphrate. Il s'étendait sur un espace d'environ 1,000 lieues de l'E. à l'O. et 500 lieues du N. au S. La mer Intérieure était entièrement enveloppée par cette vaste domination, qui comprenait le S. et l'O. de l'Europe, les parties les plus occidentales de l'Asie et le N. de l'Afrique.

§ 2. Divisions et subdivisions des provinces, etc.

Les provinces de l'empire furent réparties entre le sénat et Auguste : le sénat eut généralement les provinces centrales ou entièrement pacifiées ; l'empereur, celles qui, moins soumises ou placées sur les frontières, avaient besoin d'être surveillées plus activement. L'Italie, qui n'était pas considérée comme une province, ne fut pas comprise dans ce partage.

Les *provinces sénatoriales* étaient au nombre de 13, savoir ·

En EUROPE : la *Sicile*, la *Sardaigne* avec la *Corse*, la *Gaule Narbonnaise*, la *Bétique* (S. de l'Espagne), la *Macédoine*, l'*Achaïe* ou *Grèce*, l'île de *Crète*.

En ASIE : l'*Asie proconsulaire* ou ancien *royaume de Pergame*, la *Bithynie*, avec la *Paphlagonie* et le *Pont*, l'île de *Cypre*.

En AFRIQUE : la *Numidie*, l'*Afrique propre*, la *Cyrénaïque*.

Les *provinces impériales* étaient au nombre de 18 :

En EUROPE : l'*Aquitaine*, la *Celtique*, la *Belgique*, la *Germanie Supérieure*, la *Germanie Inférieure*, cinq provinces situées en Gaule ; la *Tarraconaise*, la *Lusitanie*, situées en Espagne ; la *Dal-*

matie, la *Mœsie*, la *Pannonie*, le *Norique*, la *Vindélicie*, la *Rhétie*.

En Asie : la *Cilicie*, la *Galatie*, la *Syrie*, la *Phénicie*.

En Afrique : l'*Égypte*.

Outre ces provinces, il y avait dans l'empire plusieurs autres contrées et quelques villes qui étaient demeurées à peu près libres, ou qui étaient gouvernées par leurs souverains sous l'autorité de l'empereur. C'étaient : *Segusio* (Suse) et son territoire, qui devinrent ensuite le petit royaume des Alpes Cottiennes; la *Thrace*, la *Cappadoce*, la *Lycie*, la *Comagène*, la *Palmyrène*, la *Judée*, l'île de *Rhodes*, la *Mauritanie*.

Nous avons décrit, dans les questions précédentes, la plupart des contrées que nous venons de nommer : il nous reste à parler, avec quelque détail, de la *Gaule*, de l'*Espagne*, de la *Dalmatie*, de la *Mœsie*, de la *Pannonie*, du *Norique*, de la *Rhétie*, de la *Vindélicie*, et de quelques pays d'Afrique.

La Gaule (Gallia), ou la Gaule Transalpine (au delà des Alpes relativement aux Romains), s'étendait de l'océan Germanique aux Pyrénées et à la mer Intérieure, et de l'océan Atlantique aux Alpes et au Rhin. Elle était composée de quatre grandes divisions : 1°, au N., la Belgique, avec la *Germanie Supérieure* et la *Germanie Inférieure*; peuples principaux : les *Trévères*, les *Médiomatrices*, les *Nerviens*, les *Atrébates*, les *Ambianais*, les *Bellovaques*, les *Rémois*, les *Catalaunes*, les *Ubiens*, les *Bataves*; villes remarquables : *Augusta-Treverorum* (Trèves), *Durocortorum* (Reims), *Gesoriacum* ou *Bononia* (Boulogne), *Mogontiacum* (Mayence), *Colonia Agrippina* (Cologne).—2° au milieu, la Celtique, qui prit aussi le nom de Lyonnaise ou plutôt Lugdunaise, et qu'habitaient les *Æduens*, les *Lingons*, les *Ségusiens*, les *Sénonais*, les *Parisiens*, les *Armoricains*, etc.; villes principales : *Lugdunum* (Lyon), *Bibracte* ou *Augustodunum* (Autun), *Agedincum* (Sens), *Lutèce* (Paris), *Cæsarodunum* (Tours). — 3° au S. O., l'Aquitaine, qui renfermait les *Bituriges*, les *Lémovices*, les *Arvernes*, les *Pictons*, les *Tarbelliens*, et les villes d'*Avaricum* (Bourges), de *Burdigala* (Bordeaux), etc. — 4° au S. E., la Narbonnaise, qui comprenait l'ancienne *province romaine de Gaule*, et qui avait pour habitants les *Volces*, les *Allobroges*, les *Salyens*, les *Centrons* et les *Caturiges* (deux peuples des Alpes Grecques et Pennines); villes remarquables : *Narbo-Martius* (Narbonne), *Nemausus* (Nîmes), *Vienne*, *Arelate* (Arles), *Massilia* (Marseille), *Aquæ-Sextiæ* (Aix), *Ebrodunum* (Embrun), etc.

L'Espagne, ou plutôt l'Hispanie, nommée aussi *Ibérie*, *Hespérie* ou *Grande Hespérie*, est une grande péninsule, jointe au continent vers le N. E., par l'isthme des Pyrénées, et enveloppée dans les autres directions par la mer Intérieure, l'océan Atlantique et le détroit de Gades (de Gibraltar). La province de Tarraconaise, qui en formait le N., avait pour principaux peuples les *Celtibériens*, les *Ilergètes*, les *Vascons*, les *Cantabres*, les *Astures*, les *Callaïques*, et pour villes *Tarraco* (Tarragone), *Cæsarea-Augusta* (Sarragosse),

Lucentum (Alicante), *Carthago-Nova* (Carthagène), *Toletum* (Tolède). — La BÉTIQUE, comprenant le S. de la péninsule, était habitée par les *Bastules*, les *Turdétans*, etc., et avait pour villes remarquables : *Corduba* (Cordoue), *Hispalis* (Séville), *Tartessus*, *Gades* (Cadix), *Munda* (Monda), *Calpe* (Gibraltar). — La LUSITANIE, dans la partie occidentale de l'Espagne, avait pour peuples principaux les *Vettons*, les *Lusitains*, et renfermait *Salmantica* (Salamanque), *Emerita-Augusta* (Merida), *Olisipo* (Lisbonne).

La DALMATIE, considérée auparavant et plus tard comme une partie de l'Illyrie, et située sur la côte orientale de la mer Adriatique, avait pour villes principales : *Salone*, *Épidaure*, *Arduba*, *Narona*. — La MOESIE, située entre le Danube et le mont Hæmus, et baignée à l'E. par le Pont-Euxin, renfermait : *Singidunum* (Belgrade), *Viminacium*, *Odessus* (Varna), *Tomi* (Mankalia). — La PANNONIE, limitée au N. et à l'E. par le Danube, avait pour villes : *Vindobona* (Vienne). *Mursa* (Eszek), *Sirmium*. — Le NORIQUE était situé à l'O. de la Pannonie, et sur la droite du Danube, qui le séparait de la Germanie; on y remarquait *Lauriacum*, *Boiodurum* (Innstadt) et *Celeia* (Cilli). — La RHÉTIE, au S. O. du Norique et au N. de l'Italie, était couverte par les Alpes; on y distinguait *Curia* (Coire). — La VINDÉLICIE, au N. de la Rhétie, était bornée au N. par le Danube, qui la séparait de la Germanie; à l'E. par l'*Œnus* (Inn), qui la séparait du Norique; à l'O. par le lac Brigantin, du côté de l'Helvétie (partie de la Gaule). Villes principales : *Augusta-Vindelicorum* (Augsbourg), *Brigantia* (Bregenz).

L'AFRIQUE PROPRE s'étendait du S. E. au N. O., le long de la mer Intérieure, depuis le fond de la Grande Syrte jusqu'un peu au delà de l'embouchure du Bagradas (Medjerda). Villes principales : *Carthage*, *Tunes* (Tunis), *Utique*, *Hippone-Zaryte* (Biserte), *Zama*, *Œa* (Tripoli).

La NUMIDIE, située à l'O. de l'Afrique propre, renfermait *Hippone-Royal* (Bone), et *Cirta*, appelée plus tard *Constantine*.

Quant à la MAURITANIE OU MAURÉTANIE, qui conservait le titre de royaume, elle s'étendait depuis la Numidie jusqu'à l'océan Atlantique. Elle se divisait en *Mauritanie Césarienne*, à l'E., et *Mauritanie Tingitane*, à l'O.; villes remarquables : *Iol* ou *Césarée*, *Sitifis* (Sétif), *Tingis* (Tanger), *Abyla* (Ceuta), *Lixus* (Larache).

Un recensement général de la population et des ressources de l'empire fut fait sous Auguste; mais il n'est pas parvenu jusqu'à nous. Quelques évaluations portent le nombre des habitants de cet immense état à cent millions : les parties les plus peuplées étaient l'Italie, la Sicile, la Grèce, la Gaule, l'Espagne, l'Egypte, les provinces asiatiques.

Des routes magnifiques liaient entre elles toutes les parties de l'empire; des relais de poste, entretenus avec un soin extrême, transmettaient sur tous les points des provinces les ordres du gouvernement central; mais ces moyens admirables de communication étaient d'un intérêt purement militaire : les Romains méprisaient le commerce et l'industrie. La culture des céréales était presque la seule branche qui fût l'objet de la sollicitude de ce peuple. Les pays les plus riches en blé, et qu'on a surnommés les *greniers de Rome*, étaient la Sicile, la Sardaigne, l'Égypte, l'Afrique propre, la Numidie, la Mauritanie. Il se faisait à Rome, dans ces temps de luxe et de corruption, une prodigieuse consommation de parfums, d'épiceries, de pierres précieuses, produits tirés particulièrement de l'Asie. On achetait au poids de l'or la soie qu'envoyaient les régions les plus reculées de cette partie du monde. La Lydie, la Perse, fournissaient des tapis précieux ; l'Espagne, de l'or, de l'argent, de la cire et du miel ; la Gaule, des huiles, des métaux ; la Grèce, des objets d'art et de goût ; les côtes du Pont-Euxin, des cuirs et des peaux. Les vins les plus délicats étaient fournis par l'Italie, la Gaule, la Grèce, l'Asie occidentale. Rome tirait beaucoup de parchemin de Pergame, et du papyrus d'Alexandrie.

§ 3. Division de l'empire au ıv^e siècle. — Préfectures, diocèses, provinces.

A la mort de Théodose, en 395, les provinces romaines se trouvaient réparties de la manière suivante :

DIVISION DE L'EMPIRE ROMAIN EN 395.

PRÉFECTURES.	DIOCÈSES.	PROVINCES.
D'ORIENT. I. ORIENT.	1° ORIENT.	3 Palestines, Phénicie, 2 Syries, Cypre, Arabie, 2 Cilicies, Mésopotamie.
	2° ÉGYPTE.	Égypte propre, Thébaïde, 2 Libyes, Arcadie, Augustanique.
	3° ASIE.	Pamphylie, Hellespont, Lydie, Lycaonie, 2 Phrygies, Lycie, Carie, Îles.
	4° PONT.	2 Galaties, Bithynie, Pont, 2 Cappadoces, Paphlagonie, 2 Arménies, Hellespont, Polémonia.
	5° THRACE.	Europe, Thrace, Rhodope, Hæmus, 2e Mœsie, Scythie.
II. ILLYRIE (ORIENTALE).	1° MACÉDOINE.	Achaïe, Macédoine, Crète, Thessalie, Épire ancienne, Épire nouvelle (ancienne Illyrie méridionale).
	2° DACIE.	Dacie intérieure, Dacie riveraine, 1re Mœsie, Dardanie, Prévalitane.
D'OCCIDENT. I. ITALIE.	1° ITALIE, subdivisée en diocèse d'Italie et diocèse de Rome.	Vénétie, Ligurie, 2 Picenums, Toscane et Ombrie, Campanie, Sicile, Apulie et Calabre, Lucanie et Brutium, Alpes Cottiennes, 2 Rhéties, Samnium, Valérie, Sardaigne, Corse.
	2° ILLYRIE (occidentale).	2 Pannonies, Savie, Dalmatie, 2 Noriques.
	3° AFRIQUE.	Tripolitane, Byzacène, Numidie, 2 Mauritanies.
II. GAULES.	1° ESPAGNES.	Bétique, Lusitanie, Galice, Tarraconaise, Carthaginoise, Îles Baléares, Tingitane (en Afrique).
	2° GAULE.	Narbonnaise 1re. — *métropole*... Narbonne. Narbonnaise 2e................. Aix. Viennoise..................... Vienne. Alpes Maritimes................ Embrun. Alpes Pennines................ Tarantaise. Aquitaine 1re................. Bourges. Aquitaine 2e.................. Bordeaux. Aquitaine 3e, ou Novempopulanie. Eauze. Lyonnaise 1re................. Lyon. Lyonnaise 2e.................. Rouen. Lyonnaise 3e.................. Tours. Lyonnaise 4e.................. Sens. Lyonnaise 5e, ou Grande-Séquanaise................... Besançon. Belgique 1re.................. Trèves. Belgique 2e................... Reims. Germanie 1re................. Mayence. Germanie 2e.................. Nimègue.
	3° BRETAGNE (partie méridionale de l'île.)	Bretagne 1re, Bretagne 2e, Grande Césarienne, Valentie, Flavie Césarienne.

GÉOGRAPHIE DU MOYEN AGE.

XIII.

LE MONDE BARBARE. — 1. POSITION GÉOGRAPHIQUE DES DIVERS PEUPLES BARBARES SUR LES FRONTIÈRES À LA MORT DE THÉODOSE.— DÉPLACEMENTS SUCCESSIFS DE CES PEUPLES. — 2. ÉTABLISSEMENTS DES VISIGOTHS, DES OSTROGOTHS, DES BURGUNDES, DES FRANCS, DES SUÈVES, DES VANDALES, DES SAXONS ET DES LOMBARDS.

§ 1. Position géographique des divers peuples barbares, etc.

Les frontières du nord de l'empire étaient bordées de nations guerrières, qui les attaquaient sans cesse.

Les *Scots* et les *Pictes*, habitants de la Calédonie (N. de l'île de Bretagne), faisaient de fréquentes incursions dans la Bretagne romaine.

En Germanie, se trouvait la confédération des *Francs*, formée de peuples établis entre le Rhin, le Main et le Weser, tels que les *Chérusques*, les *Bructères*, les *Sicambres*, les *Cattes*, et de quelques autres qui avaient déjà franchi le Rhin, comme les *Francs Saliens* et les *Francs Ripuaires*. — Il y avait aussi la confédération des *Alemans*, établis au S. des Francs.—En s'avançant à l'E., toujours dans la Germanie, on rencontrait les *Bourguignons* ou *Burgundes*, venus des bords de la Baltique jusqu'aux sources du Main ; les *Suèves*, placés alors entre les sources de l'Elbe et celles du Weser, et qui devaient bientôt se confondre avec les Alemans ; les *Marcomans*, dans le pays qui a pris depuis le nom de Bohème ; les *Quades*, les *Juthunges*, les *Iazyges*, dans celui qu'on a nommé Hongrie ; les *Longobards* ou *Lombards* et les *Vandales*, qui, du voisinage de la Baltique, étaient déjà remontés au delà des sources de l'Elbe, de l'Oder et de la Vistule.

Dans la Dacie et la Sarmatie méridionale, se trouvaient les *Goths*, grande nation qui s'était divisée en trois grandes peuplades, les *Ostrogoths* ou *Goths orientaux*, les *Visigoths* ou *Goths occidentaux*, et les *Gépides ;* venus des côtes de la Baltique, les Goths avaient un instant étendu leur empire depuis cette mer jusqu'au Pont-Euxin ; mais cet empire venait d'être renversé par les Huns, auxquels les Ostrogoths et les Gépides s'étaient soumis, en restant à la gauche du Danube ; les Visigoths avaient passé ce fleuve et demandé un asile dans l'empire romain. — Les *Huns*, originaires du grand plateau central de l'Asie, avaient séjourné quelque temps vers la mer Caspienne ; puis s'étaient précipités sur l'Europe, en subjuguant sur leur route les *Alains*, qui habitaient vers le Palus Mæotis (mer d'Azov) ; ils promenèrent, dans le iv⁴ siècle, leurs hordes sauvages jusqu'aux monts Carpathes et à la Theiss ; dans le vᵉ, ils s'avancèrent jusqu'en Grèce, parcouru-

᠄ rent l'Illyrie, l'Italie, toute la vallée du Danube, la Gaule, et revinrent dans l'Europe orientale, où leur puissance s'éteignit.

§ 2 Établissements des Visigoths, des Ostrogoths, etc.

Les Visigoths se trouvaient, vers la fin du ive siècle, dans la péninsule située entre l'Adriatique et le Pont-Euxin ; ils dominèrent ensuite un instant en Italie, puis s'établirent dans la *Gaule méridionale*, où ils formèrent un royaume de *Toulouse*, et enfin dans la *péninsule Hispanique*. Vers 528, le royaume des Visigoths comprenait cette péninsule (excepté le N. O., qui appartenait aux Suèves) et la *Septimanie*, pays qui s'étendait dans le S. de la Gaule, le long de la mer Intérieure, depuis les Pyrénées jusqu'au Rhône ; les Francs leur avaient enlevé Toulouse ; *Barcelone* et *Tolède* étaient leurs principales villes.

Les Ostrogoths, délivrés du joug des Huns vers 455, s'étaient fixés dans la Pannonie ; la cour de Byzance délégua à Théodoric, roi de cette nation, les droits de l'empire sur l'Italie, et les Ostrogoths enlevèrent celle-ci à Odoacre, roi des Hérules. A la mort de Théodoric, ils possédaient l'*Italie*, la *Sicile*, une grande partie de l'*Illyrie*, la *Pannonie*, le *Norique*, la *Vindélicie*, la *Rhétie*, et la partie de la *Gaule* située entre la Durance, le Rhône, la mer et les Alpes. *Ravenne*, *Vérone*, *Pavie*, *Terracine*, furent les résidences royales de Théodoric.

Les Burgundes, Burgundions ou Bourguignons sortirent de l'Allemagne et passèrent le Rhin vers Mayence, au commencement du ve siècle ; ils s'arrêtèrent quelque temps dans l'Alsace ; ensuite ils s'avancèrent beaucoup plus au midi, et, vers la fin du siècle, leur royaume comprenait toute la *Gaule orientale*, c'est-à-dire le pays renfermé entre la Loire, la Durance, les Alpes, la source de la Saône et la partie du cours du Rhin située entre le lac de Constance et Bâle ; il avait pour villes principales *Besançon*, *Lyon*, *Vienne*, *Valence*, *Embrun*, *Genève*.

Les Francs s'étaient avancés considérablement dans le N. et le N. O. de la Gaule pendant la première moitié du ve siècle, et déjà, lorsque Clovis parut, il y avait des rois francs au *Mans*, à *Cambrai*, à *Térouanne*, à *Tournai*, à *Cologne*. La victoire de Soissons sur Syagrius livra à Clovis, roi de Tournai, les pays situés entre l'Oise et le cours moyen de la Loire, dernières possessions des Romains dans la Gaule ; la victoire de Tolbiac sur les Alemans lui donna tout ce que ce peuple possédait dans la Gaule entre le Rhin et la Moselle, et dans la Germanie entre le Main, le Necker et le Rhin ; enfin celle de Vouglé ou Vouillé sur les Visigoths porta jusqu'aux Pyrénées les frontières du nouveau royaume. Les Armoricains se reconnurent vassaux du roi des Francs ; les Bourguignons devinrent ses tributaires ; Clovis fit périr les rois de Cologne, de Térouane, de Cambrai et du Mans, et s'empara de leurs territoires ; de sorte que la *Gaule presque tout entière* lui fut soumise ; cependant la Septimanie et la Provence restèrent au pouvoir des Goths. — A la mort de Clovis, quatre royaumes se formèrent dans la monarchie des Francs : 1° le royaume de *Paris*, qui s'étendait dans le N. O. et l'O. de la Gaule, et qui comprenait la plus grande partie des pays nommés depuis Ile-de-France et Picardie, et ceux qui ont formé la Normandie, la Bretagne, le Poitou, la Saintonge, l'Angoumois, le Bordelais ;—2° le royaume d'*Orléans*, dont la partie principale était au centre de la Gaule, et se composait de l'Orléanais, du Maine, de l'Anjou, de la Touraine ; il eut aussi, dans l'Aquitaine, les provinces voisines des Pyrénées : la Gascogne, le Béarn, le S. de la Guienne ; — 3" le royaume de *Soissons*, comprenant le N. E. de l'Ile de France, l'E. de la Picardie, l'Artois, la Flandre, l'O. de la Belgique actuelle, et, dans l'Aquitaine, le Berri, la Marche, le Limousin ; — 4° le royaume de *Metz* ou d'*Ostrasie*, formé du N. E. de la Gaule (Champagne, Lorraine, Alsace, E. de la Belgique, S. de la Hollande, Allemagne à l'O. du Rhin) ; il renfermait aussi toutes les possessions des Francs au delà du Rhin ; dans l'Aquitaine, il obtint ce qui a formé l'Auvergne et le N. du Languedoc.

Les Suèves avaient passé le Rhin au commencement du v° siècle ; ils avaient rapidement traversé la Gaule en la ravageant, et s'établirent en Espagne en même temps que les Alains et les Vandales : ils s'y maintinrent plus longtemps, et partagèrent ce pays avec les Visigoths ; vers 528, leur royaume comprenait le N. O. de la péninsule, et se trouvait à l'O. d'une ligne tirée de la source de l'Èbre à l'embouchure du Tage.

Les Vandales, après avoir envahi et parcouru la Gaule en même temps que les Suèves, s'étaient fixés dans le S. E. de l'Espagne ; mais, attaqués sans cesse par les Suèves et les Visigoths, ils passèrent en Afrique, où le comte Boniface leur céda la *Mauritanie* ; ils y joignirent bientôt la *Numidie*, l'*Afrique propre*, la *Sardaigne*, la *Corse*, les îles *Baléares*, la ville de *Lilybée* en Sicile, et les *îles situées entre la Sicile et l'Afrique*. *Carthage* fut leur capitale.

Au milieu du v° siècle, les Saxons, dont un grand nombre étaient des pirates redoutables, et qui habitaient le N. de la Germanie, furent appelés dans l'île de Bretagne par le chef des Bretons, qui implorait leur secours contre les Pictes. Ils s'emparèrent bientôt du pays de ceux qu'ils avaient défendus, et ils formèrent quatre royaumes dans le S. de l'île : le royaume de *Kent*, au S. E. ; celui de *Sussex*, au S. ; celui de *Wessex*, au S. O. ; et celui d'*Essex*, au N. E. Vers le même temps, les *Angles*, considérés comme une tribu de la grande nation des Saxons, et sortis de la partie de la Germanie située à l'entrée de la Chersonèse Cimbrique, vinrent s'établir dans le N. de l'ancienne Bretagne romaine, et y fondèrent les royaumes d'*Est-Anglie*, à l'E., de *Northumberland*, au N., et de *Mercie*, à l'O. Les Bretons se réfugièrent dans les parties les plus occidentales de leur contrée (le pays de Galles et le Cornouailles) et à l'extrémité O. de la Gaule, dans l'Armorique, qui prit dès lors le nom de *Petite-Bretagne*, changé ensuite en celui de Bretagne.

Les Lombards ou Longobards se trouvaient sur la rive gauche du Danube, lorsque Justinien les attira dans la Pannonie après la mort de Théodoric ; en 568, ils franchirent les Alpes, et conquirent la plus grande partie de l'Italie sur les empereurs grecs : ils y formèrent trente-six duchés, dont les principaux furent ceux de *Trente*, de *Frioul*, d'*Ivrée*, de *Turin*, de *Ligurie*, de *Lucques*, de *Toscane*, de *Pérouse*, de

Spolète, de *Bénévent.* Cependant toute la côte de la péninsule, depuis l'embouchure du Pô jusqu'à celle de l'Arno, Gênes et quelques villes de l'intérieur restèrent sous la puissance des empereurs, et formèrent une province gouvernée par un exarque qui résidait à Ravenne.

Telle fut la grande invasion des *nations germaniques* dans l'empire romain.

XIV.

EMPIRE CARLOVINGIEN. — 1. SON ÉTENDUE ET SES LIMITES. — PEUPLES COMPRIS DANS CET EMPIRE. — 2. LIMITES, DIVISIONS, PRINCIPALES VILLES DES ÉTATS DE L'EUROPE OCCIDENTALE AU TEMPS DE CHARLEMAGNE. — ESPAGNE. — ANGLETERRE.

§ 1. Étendue et limites de l'empire carlovingien, etc

L'empire de Charlemagne, dans sa plus grande puissance, s'étendit de l'Elbe à l'Ebre, de la Theiss à l'Atlantique, et du Pas de Calais au Garigliano, en Italie. Il avait à peu près 400 lieues de l'E. à l'O., 350 lieues du N. E. au S. O, et 300 lieues du N. O. au S. E. La mer l'enveloppait au N., au N. O. et à l'O.; les Pyrénées occidentales et le cours inférieur de l'Ebre le séparaient des états espagnols, au S. O.; la Méditerranée, le duché de Bénévent (en Italie) et la mer Adriatique le bornaient au S. A l'E., la Save le séparait de la Servie; la Theiss, du royaume des Avares. Au N. E., les montagnes de la forêt de Bohême, la Saale et l'Elbe le limitaient du côté de divers peuples tributaires, tels que les *Bohémiens,* les *Sorabes,* les *Wiltzes* ou *Wiltziens,* les *Obotrites.* Il faut remarquer que la *Bretagne,* à l'extrémité occidentale de l'empire, n'était que tributaire; les *Navarrais,* en Espagne, et le duché de *Bénévent,* qui comprenait presque toute l'Italie méridionale, payaient également tribut.

Dans cette vaste monarchie se trouvaient comprises les divisions suivantes : 1° la NEUSTRIE, qui s'étendait de la Loire à la Meuse; villes principales : *Reims, Paris, Soissons, Gand, Boulogne;* — 2° l'OSTRASIE ou la VIEILLE FRANCE, centre de l'empire, et occupant, à droite et à gauche du Rhin, un pays qui était borné à l'O. par la Meuse, et qui pénétrait à l'E., par un étroit espace, jusqu'à la Saale; villes principales : *Spire, Worms, Mayence, Coblentz, Nimègue, Metz, Trèves, Francfort; Aix-la-Chapelle,* résidence de Charlemagne, n'était encore qu'une *villa;* — 3° la SAXE, située au N. E. de l'Ostrasie, depuis le Rhin jusqu'à l'Elbe; on y remarquait *Detmold, Paderborn, Munster, Minden, Brème;* — 4° la FRISE, sur la mer du Nord, de l'embouchure du Rhin à celle du Weser; ville remarquable : *Deventer;* — 5° la THURINGE, au S. de la Saxe : elle s'avança jusqu'au Danube, sur lequel elle avait *Ingolstadt;* — 6° la BAVIÈRE, au S. de la Thuringe; villes principales : *Ratisbonne, Passau, Salzbourg;* — 7° la MARCHE ORIENTALE (l'Autriche), où l'on remarquait *Nitra* (Neutra); les parties les plus orientales de l'empire, du Raab à la Theiss, n'étaient plus qu'un désert : Charlemagne laissa s'y établir quelques tribus d'Avares et de Vénèdes, sous des princes indigènes, qui s'engagèrent à payer tribut ; — 8° l'ALEMANNIE, s'étendant du Lech (affluent du Danube) jusqu'aux Vosges, et du Necker jusqu'aux Alpes ; villes principales : *Coire*, *Saint-Gall*, *Constance*, *Augsbourg*, *Bâle*, *Strasbourg* ; — 9° la BOURGOGNE, avec la *Provence* ; villes principales : *Lyon*, *Vienne*, *Genève*, *Chalon-sur-Saône*, *Arles*, *Marseille* ; — 10° le royaume d'AQUITAINE, comprenant l'*Aquitaine propre*, la *Gascogne*, la *Septimanie*, la *Marche d'Espagne* (située entre les Pyrénées et l'Èbre) ; villes remarquables : *Bourges*, *Poitiers*, *Saintes*, *Angoulême*, *Bordeaux*, *Agen*, *Toulouse*, *Clermont*, *Narbonne*, *Barcelone*, capitale de la Marche d'Espagne ; — 11° le royaume d'ITALIE, partie de l'Italie conquise sur les Lombards ; *Rome*, qui s'était érigée, du temps des empereurs grecs, en une sorte de république, dont la suprême magistrature était confiée au pape, conserva cette organisation sous la suzeraineté de Charlemagne ; les rois francs augmentèrent la puissance des papes, en leur donnant l'*exarchat de Ravenne* proprement dit et la *Pentapole*, deux anciens territoires grecs, comprenant les villes de *Ravenne*, *Bologne*, *Faenza*, *Ferrare*, *Césène*, *Ancône*, *Rimini*, etc.

Charlemagne avait encore, au N. E. de l'Italie, la *Marche de Carinthie*.

§ 2. Limites, divisions, principales villes des états de l'Europe occidentale
au temps de Charlemagne.

L'empire carlovingien, que nous venons de décrire, occupait la plus grande partie de l'Europe occidentale. Les autres états indépendants de cette région de l'Europe étaient en *Espagne* et dans les *îles Britanniques*.

ÉTATS D'ESPAGNE. Le royaume chrétien d'*Oviedo* ou des *Asturies*, dans le N. O. de la péninsule, s'étendait au S. jusqu'au Douro, au N et à l'O. jusqu'à la mer, à l'E. jusqu'aux Pyrénées, et avait pour villes principales *Oviedo*, *Léon*, *Lugo*, *Braga*, *Zamora*, *Gijon*. — Le khalifat de *Cordoue*, soumis à la dynastie arabe des Ommiades, comprenait toute la partie de la péninsule située au S. de l'Èbre et du Douro ; villes principales : *Cordoue*, *Séville*, *Grenade*, *Valence*, *Tolède*, *Lisbonne*, etc.

ÉTATS DES ILES BRITANNIQUES. Il y avait cinq royaumes dans l'Irlande ou Hibernie, savoir : l'*Ulster*, au N. ; le *Connaught*, à l'O. ; le *Munster*, au S. O. ; le *Leinster*, au S. E. ; et, au milieu, le *Meath*, dont le roi jouissait de la dignité de monarque d'Irlande. — Les deux royaumes des *Pictes* et des *Scots*, qui se trouvaient dans le N. de la Grande-Bretagne, allaient bientôt se réunir en un seul royaume, celui d'Écosse : les Pictes occupaient le S. E. de l'ancienne Calédonie, jusqu'à l'embouchure du Tweed ; ils avaient pour villes principales *Edinbourg*, *Weremouth* ; les Scots occupaient le N. O., et leur petite île d'*Iona* était couverte de monastères et d'écoles, qui en faisaient un des principaux foyers de la civilisation de l'Occident. — L'ancienne heptarchie anglo-saxonne était réduite aux trois royaumes de *Northumberland*, de *Mercie*, et de *Wes-*

sex : le premier s'étendait du Tweed à l'Humber ; le second renfermait toute la partie moyenne de l'île, entre la Wye, à l'O., l'Humber, au N., et la mer, à l'E. : il comprenait les anciens royaumes d'Est-Anglie, d'Essex et de Kent ; le royaume de *Wessex* dans le S. de l'île, avait sous sa domination celui de Sussex ; il ne tarda même pas à soumettre aussi ceux de Mercie et de Northumberland, et son souverain, Egbert, maître ainsi de toute l'ancienne Heptarchie, prit, en 8 7, le titre de roi d'*Angleterre* : les principales villes de cette nouvelle monarchie étaient *Londres, Cantorbéry, Exeter, Oxford, Cambridge, York*. Il y avait encore plusieurs petits royaumes *bretons* dans la partie occidentale de la Grande-Bretagne, c'est-à-dire dans le pays de Galles, à l'extrémité du Cornouailles, et dans la partie de l'Écosse située entre la Clyde et le golfe de Solway.

XV.

LA FRANCE FÉODALE. — 1. PRINCIPAUX ÉTATS FÉODAUX DE LA FRANCE SOUS LA TROISIÈME RACE. — LEUR POSITION ET LEUR IMPORTANCE. — 2. LEUR RÉUNION SUCCESSIVE.

§ 1. Principaux états féodaux de la France sous la troisième race.

A l'avénement de la troisième race, la France était bornée par la mer du Nord, le Pas de Calais, la Manche, l'Atlantique, les Pyrénées, la Méditerranée, le Rhône, la Saône, la Meuse et l'Escaut. Le *duché de France*, qui avait été le fief de Hugues-Capet, se trouva réuni à la couronne, et le domaine royal fut tiré de l'état misérable où il avait été réduit vers les derniers temps des Carlovingiens : il comprenait l'*Ile-de-France*, l'*Orléanais*, le *Maine*, la *Touraine*. — Un petit nombre de grands vassaux se partageaient le reste du pays : six d'entre eux surtout, qui obtinrent exclusivement par la suite le titre de pairs de France, avaient des possessions considérables, et commandaient à leur tour à beaucoup d'autres princes vassaux ; c'étaient les chefs des états suivants : au N., le comté de *Flandre*, qui s'étendait de l'Escaut à la Somme ; — au N. O , le duché de *Normandie*, compris entre la Somme et la rade de Cancale, et à qui le duché de *Bretagne* faisait hommage ; — au N. E., le comté de *Champagne*, entre l'Yonne et la Meuse ; — à l'E., le duché de *Bourgogne*, qui se trouvait entre la Loire et la Saône, et dont le comté de *Nivernais* relevait ; — au S., le duché d'*Aquitaine*, qui était le plus grand des états féodaux français, et dont le territoire, moins étendu que l'ancien royaume de ce nom, comprenait toutefois le Poitou, le Limousin et la plus grande partie de la Guienne, avec une supériorité féodale sur l'Angoumois, la Marche et quelques autres parties du centre ; — enfin le comté de *Toulouse*, qui possédait le Languedoc et les petits pays de Quercy et de Rouergue.

Outre ces six grands vassaux, il y avait encore, parmi les vassaux immédiats, le duc de *Gascogne*, province qui fut, en 1038, réunie à l'Aquitaine ; le comte d'*Anjou*, le vicomte de *Bourges*, les sires de

Bourbon, de *Coucy*, les comtes de *Ponthieu*, de *Vermandois*, et quelques autres.

L'étendue du domaine royal éprouva beaucoup de variations sous les successeurs de Hugues-Capet : diminué par les immenses acquisitions de l'Angleterre dans l'O. de la France, sous Louis VII, agrandi sous Philippe-Auguste, restreint encore une fois, et tout à fait déplacé, pendant les invasions des Anglais et les guerres intestines du temps de Charles VI, ce domaine se trouvait à peu près réduit, en 1422, au *Languedoc*, au *Dauphiné*, à l'*Auvergne*, au *Bourbonnais*, au *Berri*, au *Maine*, à l'*Anjou*, à la *Touraine*, à l'*Orléanais*. — Les Anglais possédaient alors la *Normandie*, l'*Ile-de-France*, la *Champagne*, la *Picardie* et la plus grande partie de l'*Aquitaine*; ils disposaient, en outre, par leur alliance avec le duc de Bourgogne, de tous les états de ce prince, c'est-à-dire du duché de *Bourgogne*, de la *Franche-Comté*, de la *Flandre*, de l'*Artois*. — Le duché de *Bretagne* était indécis entre les deux partis.

§ 2. Réunion successive des états féodaux.

A partir de Charles VII, le domaine de la couronne ne fait que s'accroître de jour en jour. Ce roi y ajouta tout ce que les Anglais avaient en France au commencement de son règne, excepté Calais et quelques forts. — Louis XI y réunit le comté de *Roussillon* (rendu sous Charles VIII aux Espagnols), le duché de *Bourgogne*, une partie de la *Picardie* engagée au duc de Bourgogne par Charles VII, les comtés de *Provence* et de *Forcalquier*, le comté d'*Armagnac*.

A l'avénement de Louis XII à la couronne, le duché d'*Orléans* et le comté de *Valois*, qu'il possédait, sont réunis au domaine royal. — Le comté d'*Angoulême*, qui appartenait à François Ier, fut incorporé de la même manière, lorsque ce prince devint roi de France. En 1523, le duché de *Bourbon*, les comtés de *Montpensier*, de *Châtellerault*, etc., sont confisqués sur le connétable de Bourbon. Dans le même temps, après la mort de Louise de Savoie, mère de François Ier, le *Forez*, le *Beaujolais*, la principauté de *Dombes*, qui étaient la propriété de cette princesse, sont ajoutés à la couronne; en 1532, par le mariage de la princesse Claude, héritière de *Bretagne*, avec François Ier, cette province fut définitivement réunie au domaine royal.

Sous Henri II, le royaume acquiert les *Trois-Évéchés* (Metz, Toul et Verdun), et *Calais* est enlevé aux Anglais.

Par l'avénement de Henri IV, la *Basse-Navarre* et le *Béarn* se trouvent réunis à la couronne; sous le même roi, la *Bresse*, le *Bugey*, le pays de *Gex* et le *Valromey* sont cédés par la Savoie.

Sous Louis XIV, la France acquiert l'*Alsace*, le *Roussillon*, l'*Artois*, une grande partie de la *Flandre* et la *Franche-Comté*; — sous Louis XV, le duché de *Lorraine* et la *Corse*.

En 1791, *Avignon* et le *Comtat-Venaissin*, qui dépendaient des papes, furent réunis à la France par un décret de l'assemblée constituante.

GÉOGRAPHIE MODERNE.

XVI.

L'EUROPE. — 1. POSITION ASTRONOMIQUE; LIMITES. — 2. PRINCIPALES CHAÎNES DE MONTAGNES, MERS, ILES, GOLFES, CAPS. — 3. FLEUVES ET LACS. — 4. POPULATION. — PRINCIPAUX ÉTATS.

§ 1. Position astronomique ; — limites.

L'Europe est comprise entre 35° et 76° de latitude N., et entre 27° de longitude O. et 62° de longitude E. (1). Elle est bornée au N. par l'océan Glacial arctique ; à l'O. par l'océan Atlantique; au S. par le détroit de Gibraltar, la Méditerranée, l'Archipel, le détroit des Dardanelles, la mer de Marmara, le canal de Constantinople, la mer Noire, le détroit d'Énikalé et le mont Caucase ; à l'E. par la mer Caspienne, le fleuve Oural, les monts Ourals et la rivière Kara, qui la séparent de l'Asie.

§ 2. Principales chaînes de montagnes, mers, îles, golfes, caps.

Dans le N. de l'Europe, on remarque les monts *Dofrines* ou *Alpes Scandinaves*, et les monts *Grampiens* (N. de la Grande-Bretagne) ; —dans le milieu, les monts *Carpathes*, les *Alpes* ;—dans le S., les *Pyrénées*, les *Apennins*, le *Balkan*. Nous avons déjà vu que les monts *Ourals* et le *Caucase* s'élèvent sur la frontière de l'Europe et de l'Asie.

L'océan Glacial arctique forme la mer de *Kara* et la mer *Blanche*. — L'océan Atlantique forme la mer du *Nord* ou d'*Allemagne*, la petite mer du *Cattégat*, la mer *Baltique*, la mer d'*Irlande*, la *Manche*, et la mer de *France*, vulgairement appelée golfe de *Gascogne*. — La Méditerranée forme la mer *Tyrrhénienne*, la mer *Adriatique*, la mer *Ionienne*, l'*Archipel*, la mer de *Marmara*, la mer *Noire*, dont un enfoncement prend le nom de mer d'*Azov*.

Les golfes de *Botnie*, de *Finlande* et de *Riga* ou de *Livonie* sont formés par la Baltique ; — le *Zuider-zee*, par la mer du Nord ; — le canal ou la manche de *Bristol*, par l'océan Atlantique ;—les golfes de *Lion* et de *Génes*, par la Méditerranée ; — les golfes de *Tarente* et de *Lépante*, par la mer Ionienne ; —celui de *Salonique*, par l'Archipel.

Le *Sund*, le *Grand-Belt* et le *Petit-Belt* sont des détroits qui font communiquer la mer Baltique au Cattégat. — Le *Skager-Rack* joint le Cattégat à la mer du Nord ; — le *Pas de Calais*, la mer du Nord à la Manche. — Le canal *Saint-George* est l'entrée méridionale de la mer d'Irlande. — Le détroit de *Gibraltar* joint la Méditerranée à l'Atlantique ; — le canal d'*Otrante*, la mer Adriatique à la mer

____

(1) La longitude est comptée du méridien de Paris.

Ionienne ; — le détroit des *Dardanelles*, l'Archipel à la mer de Marmara ; — le canal de *Constantinople*, la mer de Marmara à la mer Noire, et le détroit d'*Énikalé*, la mer Noire à la mer d'Azov.

4. Les côtes d'Europe sont très-irrégulières, et forment beaucoup de presqu'îles ; il y a aussi beaucoup d'îles. Au N., on remarque la péninsule *Scandinave* et la péninsule *Danoise*. Sur la côte N. O. de la première, se trouvent les îles *Lofoden*; et à l'E. de la seconde, on remarque les îles *Danoises*, dont les principales sont *Fionie* et *Seeland*. — Au N. E. de l'Europe, on voit la *Nouvelle-Zemble*, la terre la plus septentrionale de cette partie du monde. — Au N. O., sont les îles *Britanniques*, c'est-à-dire la *Grande-Bretagne*, l'*Irlande*, et les groupes des *Hébrides*, des *Orcades* et de *Shetland*. — Plus loin, toujours vers le N. O., on rencontre les îles *Færœer* et l'*Islande*. — A l'extrémité S. O. de l'Europe, est la péninsule *Hispanique*, a l'E. de laquelle se trouvent les îles *Baléares*. — Plus à l'E., on trouve la presqu'île d'*Italie*, avec les îles de *Sicile*, de *Sardaigne* et de *Corse*; et la presqu'île de *Morée*, avec les îles *Ioniennes*, l'île de *Négrepont*, les *Cyclades* et *Candie*. — Entre la mer Noire et la mer d'Azov, est la presqu'île de *Crimée*.

Parmi les caps principaux de l'Europe, on peut remarquer : le cap *Nord*, à l'extrémité septentrionale de l'archipel Lofoden; le cap de la *Hague*, sur la côte N. O. de la France; le cap *Saint-Vincent*, à l'extrémité S. O. de la péninsule Hispanique et de toute l'Europe; le cap *Matapan*, qui est le point le plus méridional de la Morée et de tout le continent européen.

§ 3. Fleuves et lacs.

L'Europe est divisée en deux pentes ou versants : le versant incliné vers l'océan Glacial arctique et l'océan Atlantique, d'un côté, et le versant incliné vers la mer Méditerranée et la mer Caspienne, de l'autre.

PRINCIPAUX FLEUVES QUI COULENT SUR LE VERSANT DE L'OCÉAN GLACIAL ET DE L'ATLANTIQUE : La *Petchora* est un tributaire direct de l'océan Glacial; la *Dvina septentrionale* se jette dans la mer Blanche; — le *Tornea*, la *Néva*, la *Dvina méridionale*, le *Niemen*, la *Vistule*, l'*Oder*, se rendent dans la mer Baltique ou dans ses golfes; — l'*Elbe*, le *Weser*, le *Rhin*, la *Meuse*, la *Tamise*, dans la mer du Nord; — la *Seine*, dans la Manche; — la *Loire*, la *Gironde*, dans la mer de France; — le *Minho*, le *Douro*, le *Tage*, la *Guadiana*, le *Guadalquivir*, le *Shannon*, directement dans l'océan Atlantique.

FLEUVES DU VERSANT DE LA MÉDITERRANÉE ET DE LA MER CASPIENNE : L'*Èbre* se rend dans la Méditerranée directement; — le *Rhône*, dans le golfe de Lion; — le *Tibre*, dans la mer Tyrrhénienne; — le *Pô* et l'*Adige*, dans l'Adriatique; — le *Danube*, le *Dniestr*, le *Dniepr*, dans la mer Noire; — le *Don*, dans la mer d'Azov; — le *Volga*, l'*Oural*, dans la mer Caspienne.

Les lacs *Ladoga*, *Onéga*, *Ilmen*, *Peïpous*, *Mœlar*, *Vetter*, versent leurs eaux dans la mer Baltique; — le lac *Vener* s'écoule dans le Cattégat; — les lacs de *Constance*, de *Zürich*, de *Lucerne*, de *Neuchâtel*, dans la mer du Nord, par le Rhin; — le lac de *Genève*, dans la Méditerranée, par le Rhône ; — le lac *Balaton*, dans la mer Noire, par le Danube.

§ 4. Population. — Principaux états.

L'Europe renferme 235 millions d'habitants.

Elle comprend, au N., le royaume des *îles Britanniques*, celui de *Danemark*, la *monarchie Suédoise* (Suède et Norvége) ; — à l'E., la *Russie d'Europe* (avec le roy. de Pologne) et la rép. de *Cracovie* ; — au milieu, les royaumes de *France*, de *Belgique*, de *Hollande* ; la république de *Suisse* ; le royaume de *Prusse* et l'empire d'*Autriche*, qui sont partie en *Allemagne*, partie hors de l'*Allemagne* ; enfin les états qui sont entièrement compris en *Allemagne*, tels que les royaumes de *Bavière*, de *Würtemberg*, de *Saxe* et de *Hanovre* ; — au S., le royaume d'*Espagne*, celui de *Portugal* ; l'*Italie*, qui se compose du royaume de *Sardaigne*, du grand-duché de *Toscane*, des *États de l'Église*, du royaume des *Deux-Siciles*, etc. ; la *Turquie d'Europe*, le royaume de *Grèce*, et la république des *îles Ioniennes*.

XVII.

FRANCE. — 1. POSITION ASTRONOMIQUE. — 2. DIVISION PAR PROVINCES ET PAR DÉPARTEMENTS. — 3. CHAÎNES DE MONTAGNES. — 4. PRINCIPALES RIVIÈRES. — 5. CANAUX. — 6. POPULATION. — GOUVERNEMENT. — ADMINISTRATION DÉPARTEMENTALE. — RELIGION. — 7. ILES DÉPENDANTES DE LA FRANCE.

§ 1. Position.

La France est comprise entre 42° 20′ et 51° 10′ de latitude N., et entre 5° 50′ de longitude E. et 7° 10′ de longitude O.

Elle présente la forme d'un hexagone irrégulier, dont trois côtés, au N. O., à l'O. et au S., sont baignés par la mer, et les autres, au N. E., à l'E. et au S. O., sont bornés par cinq pays, savoir, la Belgique, l'Allemagne, la Suisse, l'Italie et l'Espagne ; du côté de l'Espagne, elle est bornée par les Pyrénées ; vers l'Italie, par les Alpes ; vers la Suisse, par le Jura ; vers l'Allemagne, par le Rhin. Du côté de la Belgique, seulement, elle n'a pas de frontière naturelle.

§ 2. Division par provinces et par départements.

Avant la révolution de 1789, la France était divisée en 32 *gouvernements généraux*, ou *provinces* (1).

Voici la liste comparée des anciens gouvernements et des départements.

---

(1) Quoiqu'on applique ordinairement le nom de provinces aux gouvernements généraux, cependant il y avait quelques pays qui étaient simplement des provinces, sans avoir le titre de gouvernement général : ainsi les deux provinces de Guienne et de Gascogne ne formaient qu'un seul gouvernement ; la Saintonge et l'Angoumois n'en constituaient également qu'un seul ; l'État d'Avignon n'était pas un gouvernement, mais seulement une province, dépendante du pape (la Corse n'avait pas non plus le titre de gouvernement.

ANCIENS GOUVERNEMENTS.	DÉPARTEMENTS.	CHEFS-LIEUX (1).
Région du nord.		
1. Flandre	Nord	Lille.*
2. Artois	Pas-de-Calais	Arras.*
3. Picardie	Somme	Amiens.
4. Normandie	Seine-Inférieure	Rouen.*
	Eure	Évreux.
	Calvados	Caen.
	Manche	Saint-Lô.
	Orne	Alençon.
5. Ile-de-France	Seine	PARIS.*
	Seine-et-Oise	Versailles.
	Seine-et-Marne	Melun.
	Oise	Beauvais.
	Aisne	Laon.
6. Champagne	Ardennes	Mézières.
	Marne	Châlons-sur-Marne.
	Aube	Troyes.*
	Haute-Marne	Chaumont.
7. Lorraine	Meuse	Bar-le-Duc.
	Moselle	Metz.
	Meurthe	Nancy.*
	Vosges	Épinal.
Région de l'est.		
8. Alsace	Haut-Rhin	Colmar.
	Bas-Rhin	Strasbourg.*
9. Franche-Comté	Haute-Saône	Vesoul.
	Doubs	Besançon.*
	Jura	Lons-le-Saunier.
10. Bourgogne	Yonne	Auxerre.
	Côte-d'Or	Dijon.*
	Saône-et-Loire	Mâcon.
	Ain	Bourg.
11. Lyonnais	Rhône	Lyon.*
	Loire	Montbrison.
Région du centre.		
12. Orléanais	Loiret	Orléans.*
	Eure-et-Loir	Chartres.
	Loir-et-Cher	Blois.
13. Touraine	Indre-et-Loir	Tours.*
14. Berri	Indre	Châteauroux.
	Cher	Bourges *
15. Nivernais	Nièvre	Nevers.*
16. Bourbonnais	Allier	Moulins.
17. Marche	Creuse	Guéret.*
18. Limousin	Haute-Vienne	Limoges.*
	Corrèze	Tulle.
19. Auvergne	Puy-de-Dôme	Clermont-Ferrand.*
	Cantal	Aurillac.

(1) Les capitales des anciennes provinces sont désignées par un astérisque*

ANCIENS GOUVERNEMENTS.	DÉPARTEMENTS.	CHEFS-LIEUX.
Région de l'ouest.		
20. Bretagne..........	Ille-et-Vilaine........	Rennes.*
	Côtes-du-Nord........	Saint-Brieuc.
	Finistère...........	Quimper.
	Morbihan...........	Vannes.
	Loire-Inférieure......	Nantes.
21. Maine............	Sarthe............	Le Mans.
	Mayenne............	Laval.
22. Anjou	Maine-et-Loire........	Angers.*
23. Poitou............	Vienne.............	Poitiers.*
	Deux-Sèvres.'........	Niort.
	Vendée.............	Bourbon-Vendée.
24. Aunis.............	Charente-Inférieure...	La Rochelle (1).*
25. Saintonge et Angoumois.........	Charente............	Angoulême (2).*
Région du sud.		
26. Guienne et Gascogne...........	Dordogne............	Périgueux.
	Gironde.............	Bordeaux.*
	Lot-et-Garonne........	Agen.
	Lot................	Cahors.
	Tarn-et-Garonne......	Montauban.
	Aveyron.............	Rodez.
	Landes.............	Mont-de-Marsan.
	Gers...............	Auch.
	Hautes-Pyrénées.......	Tarbes.
27. Béarn.............	Basses-Pyrénées.......	Pau.*
28. Comté de Foix....	Ariége.............	Foix.*
29. Roussillon........	Pyrénées-Orientales...	Perpignan.*
30. Languedoc........	Haute-Loire..........	Le Puy.
	Ardèche............	Privas.
	Lozère............	Mende.
	Gard...............	Nîmes.
	Hérault.............	Montpellier.
	Tarn...............	Alby.
	Aude...............	Carcassonne.
	Haute-Garonne........	Toulouse.*
31. Dauphiné.........	Isère...............	Grenoble.*
	Drôme.............	Valence.
	Hautes-Alpes........	Gap.
État d'Avignon (3).	Vaucluse............	Avignon.*
32. Provence (4)......	Basses-Alpes.........	Digne.
	Bouches-du-Rhône....	Marseille.
	Var...............	Draguignan.
Corse (5).............	Corse.............	Ajaccio.

(1) La Rochelle était la capitale de l'Aunis. —(2) Angoulême était la capitale de l'Angoumois, et Saintes, celle de la Saintonge.—(3) Cette province appartenait au pape; elle se composait du Comtat d'Avignon et du Comtat Venaissin.— (4) La Provence avait pour capitale Aix. — (5) La Corse n'était pas comptée parmi les grands gouvernements; la capitale était Bastia.

§ 3. Chaînes de montagnes.

A l'E., les *Alpes Cottiennes* et *Maritimes* se trouvent sur la limite de la France et de l'Italie, et le mont *Jura* s'élève vers la frontière de la Suisse. Depuis le Jura jusqu'à la frontière d'Espagne, règne une longue suite de hauteurs, qui sépare les eaux tributaires de la Méditerranée des eaux tributaires de l'Atlantique et de ses divisions (mer du Nord, Manche, mer de France ou golfe de Gascogne : cette longue arrête est formée, dans ses parties principales, par les *Vosges méridionales*, la *Côte-d'Or*, les *Cévennes*, les *Pyrénées*. Cinq chaînes secondaires s'y rattachent du côté du versant de l'Atlantique : ce sont les *Vosges septentrionales*, les *Ardennes orientales*, les *Ardennes occidentales*, les montagnes du *Morvan*, dont la continuation se montre jusqu'en Bretagne, où elle s'appelle montagnes d'*Arrée*; enfin les montagnes d'*Auvergne*. Les plus hauts sommets de la **France** sont dans les Alpes, ensuite dans les Pyrénées.

§ 4. Principales rivières.

VERSANT DE MA MER DU NORD.—Trois fleuves coulent sur ce versant : le *Rhin*, la *Meuse* et l'*Escaut*; le Rhin trace une grande partie de la limite entre la France et l'Allemagne ; il reçoit la *Moselle*, qui ne se trouve sur le territoire français qu'au commencement de son cours; la Moselle reçoit la *Meurthe*.

VERSANT DE LA MANCHE.—La *Seine* est le principal cours d'eau qui se jette dans la Manche : elle prend sa source dans la Côte-d'Or, coule au N. O., et a pour affluents, à droite, l'*Aube*, la *Marne*, l'*Oise*, qui reçoit l'*Aisne*; à gauche, l'*Yonne*. — La *Somme* et l'*Orne* se rendent aussi directement dans la Manche.

VERSANT DE LA MER DE FRANCE. —La *Loire* et la *Gironde* sont les deux fleuves de ce versant. La Loire prend sa source dans les Cévennes, et coule d'abord au N., puis à l'O. ; elle reçoit, à droite, la *Nièvre*, et la *Maine*, qui porte le nom de *Mayenne* au-dessus du confluent de la *Sarthe*, grossie du *Loir*; à gauche, l'*Allier*, le *Loiret*, le *Cher*, l'*Indre*, la *Vienne*, qui se grossit de la *Creuse*, et la *Sèvre nantaise*. — La Gironde est formée par la réunion de la *Dordogne* et de la *Garonne*. La Dordogne a sa source dans les montagnes d'Auvergne, coule à l'O., et reçoit la *Vézère*, qui se grossit de la *Corrèze*. La Garonne descend des Pyrénées, et se dirige généralement au N. O. ; elle reçoit à droite l'*Ariége*, le *Tarn*, augmenté de l'*Aveyron*, et le *Lot*; à gauche, le *Gers*.—La *Vilaine*, la *Sèvre niortaise*, la *Charente*, l'*Adour*, se rendent directement dans la mer, sans mériter précisément le nom de fleuves.

VERSANT DE LA MÉDITERRANÉE.—Le *Rhône* est le seul fleuve que la France envoie à la Méditerranée ; il prend sa source dans les Alpes, en Suisses ; après avoir formé le lac de Genève, il entre en France, et coule d'abord à l'O. jusqu'à Lyon, ensuite au S. ; il se jette dans la mer par quatre embouchures : son delta s'appelle île de la *Camargue*. Ce fleuve reçoit, à droite, l'*Ain*, la *Saône*, grossite du *Doubs*, l'*Ardèche*, le *Gard*; à gauche, l'*Isère*, la *Drôme*, la *Durance*.

Les autres tributaires immédiats de la Méditerranée sont l'*Aude*,
l'*Hérault* et le *Var*.

§ 5. Canaux.

On compte en France 75 canaux achevés. Voici les principaux : le
canal de *Saint-Quentin*, de l'Escaut à la Somme ; le canal de la *Somme*,
qui tantôt longe cette rivière, tantôt se confond avec elle ; — le canal des *Ardennes*, de l'Aisne à la Meuse ; — le canal de l'*Ourcq*, qui
amène à Paris les eaux de l'Ourcq, petit affluent de la Marne ; — les
canaux du *Loing*, d'*Orléans* et de *Briare*, entre la Seine et la Loire ;
— le canal de *Bourgogne*, de l'Yonne à la Saône ; — le canal du
Rhône au Rhin, de la Saône au Rhin ; — le canal du *Centre*, de la Loire
à la Saône ; — le canal *latéral de la Loire*, qui longe la Loire depuis
le canal du Centre jusqu'à celui de Briare ; — le canal du *Berri*,
composé de deux branches, dont l'une va du cours supérieur du Cher
à la Loire, et l'autre de la Loire à la partie inférieure du Cher ; — le canal de *Nantes à Brest*, dans l'O. de la France ; — le canal du *Languedoc*, du *Midi* ou des *Deux-Mers*, de la Garonne à l'étang de Thau,
sorte de lac qui communique avec la Méditerranée.

§ 6. Population. — Gouvernement. — Administration départementale. — Religion.

La population de la France est d'environ 34 millions d'habitants. —
Le gouvernement est une monarchie représentative ou constitutionnelle,
dans laquelle la puissance législative est exercée collectivement par
trois pouvoirs : 1° le roi et ses ministres ; 2° la chambre des pairs, composée de membres choisis par le roi ; 3° la chambre des députés, nommés par les électeurs de la nation. La puissance exécutive appartient
au roi seul. — Chaque *département* est divisé en *arrondissements*,
et chaque arrondissement en *cantons*, dont chacun comprend un certain nombre de *communes*. — A la tête de chaque département est
placé un *préfet* ; chaque arrondissement est administré par un *sous-
préfet*, excepté l'arrondissement qui a pour chef-lieu le chef-lieu même
du département ; enfin les communes sont administrées par des *mai-
res*. Les cantons ne sont pas des divisions administratives, mais des
divisions judiciaires, à la tête desquelles se trouvent des *juges de
paix*. — Tous les cultes sont librement professés en France ; mais la
religion catholique, apostolique et romaine est celle de la majorité des
Français : il y a 80 diocèses catholiques, dont 15 archevêchés et 65
évêchés.

§ 7. Iles dépendantes de la France.

Plusieurs petites îles se trouvent le long de la côte occidentale de la
France : les principales sont *Ouessant*, *Belle-Ile*, *Noirmoutier*, l'île
d'*Yeu*, *Ré*, *Oléron* ; dans la Méditerranée, on remarque, très-près de
la côte, les îles d'*Hyères* et de *Lérins*, et, à une assez grande distance, l'île de *Corse*, qui dépend de la France, quoiqu'elle soit beaucoup plus près de l'Italie.

XVIII.

BASSINS DU RHIN ET DE LA SEINE, AVEC LES BASSINS SECONDAIRES DE LA MEUSE, DE L'ESCAUT, DE LA SOMME, DE L'ORNE ET DE LA VIRE. — DÉPARTEMENTS QU'ILS RENFERMENT. — VILLES PRINCIPALES.

Bassins du Rhin, de la Meuse et de l'Escaut.

Neuf départements se trouvent à peu près renfermés dans ces bassins (1) : il y en a deux le long de la rive gauche du Rhin : ce sont ceux du *Haut-Rhin* et du *Bas-Rhin* ; — trois sur le cours de la Moselle : *Vosges, Meurthe, Moselle* ; — deux dans le bassin de la Meuse : *Meuse* et *Ardennes* ; — deux dans le bassin de l'Escaut : *Nord* et *Pas-de-Calais.*

Département du HAUT-RHIN. — Chef-lieu, *Colmar.*—Sous-préfectures : *Béfort* et *Altkirch.* — Autres villes remarquables : *Mulhouse,* célèbre par ses toiles peintes, sur l'Ill et sur le canal du Rhône au Rhin ; *Thann,* ville industrieuse ; *Sainte-Marie-aux-Mines* (mines de plomb, d'argent et de cuivre).

Département du BAS-RHIN. — Chef-lieu, *Strasbourg,* grande ville et place forte, sur l'Ill et près du Rhin (belle cathédrale ; invention de l'imprimerie ; 50,000 habitants). — Sous-préfectures : *Wissembourg* ou *Weissenbourg, Sélestat ou Schlettstadt,* place forte ; *Saverne.*

Département des VOSGES. — Chef-lieu, *Épinal,* sur la Moselle. — Sous-préfectures : *Saint-Dié,* sur la Meurthe ; *Remiremont,* sur la Moselle ; *Neufchâteau,* près de la Meuse, *Mirecourt* (instruments de musique, dentelles). — Autres lieux remarquables : *Rambervillers* (papeteries dans le voisinage) ; *Plombières* (eaux minérales) ; *Domremy,* patrie de Jeanne d'Arc.

Département de la MEURTHE. — Chef-lieu, *Nancy,* belle ville de 30,000 habitants. — Sous-préfectures : *Lunéville* (château des anciens ducs de Lorraine), *Toul, Château-Salins, Sarrebourg.* — Autres villes : *Dieuze* (salines), *Baccarat* (manufacture de cristaux).

Département de la MOSELLE. — Chef-lieu, *Metz,* place forte, sur la Moselle (belle cathédrale ; 45,000 habitants). — Sous-préfectures : *Thionville,* place forte, sur la Moselle ; *Sarreguemines, Briey.*

Département de la MEUSE. — Chef-lieu, *Bar-le-duc,* sur l'Ornain. — Sous-préfectures : *Montmédy,* place forte ; *Verdun,* sur la Meuse ; *Commercy,* sur le même fleuve. — Autres villes : *Varennes-en-Argonne* (arrestation de Louis XVI en 1791) ; *Vaucouleurs,* sur la Meuse.

Département des ARDENNES.—Chef-lieu, *Mézières,* place forte, sur la Meuse.—Sous-préfectures : *Sedan* (draps renommés), sur la Meuse ; *Rocroi* (victoire de Condé en 1643) ; *Rethel* et *Vouziers,* sur l'Aisne. — Autres villes : *Givet,* place forte (colle-forte, cire à cacheter), *Fumay* (ardoises), *Charleville,* toutes sur la Meuse.

---

(1) Un département appartient souvent à deux bassins différents : alors nous le plaçons ordinairement dans le bassin ou se trouve son chef-lieu.

Département du NORD. — Chef-lieu, *Lille*, place forte (belle citadelle, fabriques de dentelles, de velours et de toiles ; 73,000 habitants). — Sous-préfectures : *Dunkerque*, port sur la mer du Nord (25,000 habitants) ; *Hazebrouck*, *Douai*, place forte, sur la Scarpe (toiles, fonderies de canons) ; *Cambrai*, place forte, sur l'Escaut (batistes et dentelles) ; *Valenciennes*, autre place forte, sur l'Escaut (dentelles et toiles, mines de charbon de terre) ; *Avênes*. — Autres villes : *Gravelines*, port de mer ; *Bailleul*, *Cassel* ; *Roubaix* et *Tourcoing* (industrie active) ; *Saint-Amand* (eaux minérales) ; *Condé*, sur l'Escaut ; *Maubeuge* (manufacture d'armes).

Département du PAS-DE-CALAIS. — Chef-lieu, *Arras*, place forte, sur la Scarpe (25,000 habitants). — Sous-préfectures : *Saint-Omer*, place forte ; *Béthune*, *Boulogne-sur-Mer*, port très-fréquenté (21,000 habitants) ; *Montreuil-sur-Mer*, *Saint-Pol*. — Autres villes : *Calais*, sur le détroit du même nom ; *Aire*, place forte ; *Ardres* (entrevue de François Ier et de Henri VIII).

Bassins de la Seine, de la Somme, de l'Orne et de la Vire.

Il y a seize départements dans ces bassins : six traversés par la Seine : *Aube, Seine-et-Marne, Seine, Seine-et-Oise, Eure, Seine-Inférieure;* — quatre sur le cours supérieur ou moyen de la Marne et de l'Oise : *Haute-Marne, Marne, Aisne, Oise;* — deux sur le cours supérieur ou moyen de l'Yonne et de l'Eure : *Yonne, Eure-et-Loir;* — un sur le cours de la Somme : le département de la *Somme;* — trois sur le cours de l'Orne et de la Vire : *Orne, Calvados* et *Manche.*

*Département de l'*AUBE. — Chef-lieu, *Troyes*, sur la Seine (fabriques de toiles et de bonneterie, papeteries; 40,000 habitants). — Sous-préfectures : *Nogent-sur-Seine, Bar-sur-Seine, Arcis-sur-Aube, Bar-sur-Aube.* — Autres lieux remarquables : *Brienne-le-Château* (ancienne école militaire) ; *Clairvaux* (ancienne abbaye).

Département de SEINE-ET-MARNE. — Chef-lieu, *Melun*, sur la Seine. — Sous-préfectures : *Meaux*, sur la Marne ; *Coulommiers, Provins, Fontainebleau*, près de la Seine (château, forêt). — Autre ville : *Montereau*, au confluent de la Seine et de l'Yonne.

Département de la SEINE. — Chef-lieu, PARIS, capitale de la France, sur la Seine; 900,000 habitants. — Sous-préfectures : *Saint-Denis, Sceaux.* — Autres lieux remarquables : *Belleville, Les Batignolles-Monceaux, Passy,* etc.

Département de SEINE-ET-OISE. — Chef-lieu, *Versailles* (château, parc; 30,000 habitants). — Sous-préfectures : *Pontoise*, sur l'Oise ; *Mantes*, sur la Seine ; *Rambouillet* (château, forêt) ; *Étampes, Corbeil*, sur la Seine. — Autres lieux remarquables : *Sèvres* (manufacture de porcelaine) ; *Saint-Cloud* (château, parc) ; *Saint-Germain-en-Laye* (château, forêt) ; *Poissy; Montmorency.*

*Département de l'*EURE. — Chef-lieu, *Évreux.* — Sous-préfectures : *Louviers*, sur l'Eure (draps) ; *Pont-Audemer, Bernay, Les Andelys*, sur la Seine. — Autres lieux : *Gisors, Verneuil, Ivry-sur-Eure* (victoire de Henri IV, 1590).

Département de la SEINE-INFÉRIEURE. — Chef-lieu, *Rouen*, sur la

3.

Seine (teintureries, rouenneries; 90,000 habitants) — Sous-préfectures : *Le Havre*, port très-commerçant, à l'embouchure de la Seine (25,000 habitants); *Dieppe*, port de mer (dentelles, ouvrages en ivoire); *Yvetot*; *Neufchâtel-en-Bray*. — Autres villes : *Eu* (château); *Fécamp*, port de mer; *Harfleur*, *Bolbec* (toiles de coton), *Elbeuf*, sur la Seine (draps).

Département de la HAUTE-MARNE. — Chef-lieu, *Chaumont*, sur la Marne. — Sous-préfectures : *Langres* (coutellerie); *Vassy* (massacre de 1562). — Autres villes : *Saint-Dizier*, *Bourbonne-les-Bains* (eaux minérales).

Département de la MARNE. — Chef-lieu, *Châlons-sur-Marne*. — Sous-préfectures : *Reims* (cathédrale, casimirs; 36,000 habitants); *Épernay* (vins), sur la Marne; *Vitry-le-François*, sur la Marne; *Sainte-Menehould*, sur l'Aisne. — Autres lieux : *Aï* (vins); *Mont-mirail* (victoire en 1814).

*Département de l'*AISNE. — Chef-lieu, *Laon*. — Sous-préfectures : *Saint-Quentin*, sur la Somme et sur le canal de Saint-Quentin (basins, gazes, mousselines, batistes); *Vervins* (traité de 1598); *Soissons*, sur l'Aisne; *Château-Thierry*. — Autres villes : *Guise*, *La Ferté-Milon*, *Saint-Gobain* (glaces).

*Département de l'*OISE. — Chef-lieu, *Beauvais* (cathédrale, tapis). — Sous-préfectures : *Clermont-en-Beauvoisis*, *Compiègne*, vers le confluent de l'Oise et de l'Aisne; *Senlis*. — Autres villes : *Chantilly*, *Noyon*.

*Département de l'*YONNE. — Chef-lieu, *Auxerre*, sur l'Yonne. — Sous-préfectures : *Sens*, *Joigny*, toutes les deux sur l'Yonne; *Tonnerre* (vins); *Avallon*.

*Département d'*EURE-ET-LOIR. — Chef-lieu, *Chartres*, sur l'Eure (cathédrale, commerce de grains). — Sous-préfectures : *Dreux* (bataille de 1562), *Nogent-le-Rotrou*, *Châteaudun*.

Département de la SOMME. — Chef-lieu, *Amiens*, sur la Somme (cathédrale, velours, tapis, casimirs; 45,000 habitants). — Sous-préfectures . *Abbeville*, place forte, sur la Somme (moquettes, toiles); *Péronne*, place forte; *Doulens*, *Montdidier*. — Autres villes : *Ham*, *Saint-Valery-sur-Somme*.

*Département de l'*ORNE. — Chef-lieu, *Alençon*, sur la Sarthe (dentelles). — Sous-préfectures : *Argentan*, *Domfront*, *Mortagne*. — Autres villes : *L'Aigle* (fabrique d'épingles et d'aiguilles), *Sées*, *Tinchebrai* (industrie; bataille de 1106).

Département du CALVADOS. — Chef-lieu, *Caen*, sur l'Orne; 40,000 habitants. — Sous-préfectures : *Pont-l'Évêque*, *Lisieux* (lainages, toiles), *Falaise* (teintureries, bonneteries, foires de Guibray); *Vire* (draps); *Bayeux*. — Autre ville : *Honfleur*, sur la Seine.

Département de la MANCHE. — Chef-lieu, *Saint-Lô* (draps, toiles). — Sous-préfectures : *Cherbourg*, port de mer; *Valognes*, *Coutances*, *Avranches*. — Autres lieux : *Granville*, *Mont-Saint-Michel* (château fort).

On peut joindre aux départements des bassins qu'on vient d'indiquer le département des CÔTES-DU-NORD, arrosé par la Rance et le Gouet, et incliné vers la Manche, comme les précédents. — Le chef-lieu est *Saint-Brieuc*. — Sous-préfectures : *Dinan, Guingamp, Lannion, Loudéac*.

XIX.

BASSIN DE LA LOIRE. — DÉPARTEMENTS QU'IL RENFERME.
VILLES PRINCIPALES.

A ce bassin on peut joindre ceux de la Vilaine, du Blavet, de l'Ellé, de la rivière de Châteaulin et de la Sèvre niortaise.

Bassin de la Loire.

Il y a dans ce bassin dix-sept départements : huit traversés par la Loire : *Haute-Loire, Loire, Nièvre, Loiret, Loir-et-Cher, Indre-et-Loire, Maine-et-Loire, Loire-Inférieure ;* — neuf sur le cours supérieur ou moyen de la Sarthe, de la Mayenne, de l'Allier, du Cher, de l'Indre, de la Creuse et de la Vienne : ce sont les départements de la *Sarthe*, de la *Mayenne*, à droite de la Loire, et ceux du *Puy-de-Dôme*, de l'*Allier*, du *Cher*, de l'*Indre*, de la *Creuse*, de la *Haute-Vienne*, de la *Vienne*, à gauche.

Département de la HAUTE-LOIRE. — Chef-lieu, *Le Puy*, près de la Loire (dentelles et blondes). — Sous-préfectures : *Yssengeaux, Brioude*.

Département de la LOIRE. — Chef-lieu, *Montbrison*. — Sous-préfectures : *Saint-Étienne* (manufacture d'armes, quincaillerie, rubans : 35,000 habitants) ; *Roanne*, sur la Loire.

Département de la NIÈVRE. — Chef-lieu, *Nevers*, sur la Loire, près du confluent de la Nièvre (commerce de fer, de bois, de faïence). — Sous-préfectures : *Clamecy*, sur l'Yonne (commerce de bois) ; *Cône*, sur la Loire ; *Château-Chinon*, sur l'Yonne. — Autre ville : *Pouilly-sur-Loire* (vins).

Département du LOIRET. — Chef-lieu, *Orléans*, sur la Loire (raffineries de sucre, commerce de vins, vinaigre, bois ; 40,000 habitants). — Sous-préfectures : *Montargis*, vers la jonction des canaux de Briare, du Loing et d'Orléans ; *Pithiviers ; Gien*, sur la Loire. — Autres villes : *Briare*, à la jonction du canal de Briare et de la Loire ; *Beaugency*, sur la Loire (vins).

Département de LOIR-ET-CHER. — Chef-lieu, *Blois*, sur la Loire (château historique). — Sous-préfectures : *Vendôme, Romorantin*.

*Département d'*INDRE-ET-LOIRE. — Chef-lieu, *Tours*, au confluent d'un bras du Cher et de la Loire (beau port, belle cathédrale ; 23,000 habitants).—Sous-préfectures : *Chinon*, sur la Vienne ; *Loches*, sur l'Indre.— Autres villes : *Amboise*, sur la Loire (château) ; *La Haye-Descartes, Richelieu*.

Département de MAINE-ET-LOIRE. — Chef-lieu, *Angers*, sur la Maine (33,000 habitants).—Sous-préfectures : *Saumur*, sur la Loire ; *Baugé, Segré, Beaupréau*.

Département de la LOIRE-INFÉRIEURE. — Chef-lieu, *Nantes*, belle ville, sur la Loire (87,000 habitants).—Sous-préfectures : *Paimbœuf*, près de l'embouchure de la Loire ; *Savenay* ; *Châteaubriant* ; *Ancenis*, sur la Loire.

Département de la SARTHE. — Chef-lieu, *Le Mans*, sur la Sarthe (20,000 habitants).—Sous-préfectures : *Mamers*, *Saint-Calais*, *La Flèche*, sur le Loir (école militaire).

Département de la MAYENNE.—Chef-lieu, *Laval*, sur la Mayenne. —Sous-préfectures : *Mayenne et Château-Gontier*, sur la Mayenne.

Département du PUY-DE-DÔME. — Chef-lieu, *Clermont-Ferrand* (belle cathédrale, concile de 1096 ; 30,000 habitants). — Sous-préfectures : *Riom*, *Thiers* (coutellerie, papeteries) ; *Ambert* (papeteries, toiles, mercerie), *Issoire*. — Autres villes : *Billom*, *Aigueperse*, *Volvic* (carrières de basalte).

*Département de l'*ALLIER. — Chef-lieu, *Moulins*, sur l'Allier (coutellerie). — Sous-préfectures : *Montluçon*, sur le Cher ; *Gannat*, *La Palisse*. — Autres villes : *Bourbon-l'Archambault*, *Vichy*, sur l'Allier, et *Néris*, toutes remarquables par leurs eaux minérales.

Département du CHER. — Chef-lieu, *Bourges* (20,000 habitants). — Sous-préfectures : *Sancerre*, près de la Loire (vins, siége de 1573) ; *Saint-Amand-Montrond*, près du Cher. — Autre ville : *Vierzon*, sur le Cher (forges, porcelaine).

*Département de l'*INDRE. — Chef-lieu, *Châteauroux*, sur l'Indre. — Sous-préfectures : *Issoudun* (draps) ; *Le Blanc*, sur la Creuse ; *La Châtre*, sur l'Indre. — Autre ville : *Valençay* (château).

Département de la CREUSE. — Chef-lieu, *Guéret*. — Sous-préfectures : *Aubusson*, sur la Creuse (tapis) ; *Boussac*, *Bourganeuf*. — Autre ville : *Felletin* (tapis).

Département de la HAUTE-VIENNE. — Chef-lieu, *Limoges*, sur la Vienne (porcelaine, étoffes de laine ; 26,000 habitants). — Sous-préfectures : *Bellac*, *Rochechouart*, *Saint-Yrieix* (carrières de kaolin, fabrique de porcelaine).

Département de la VIENNE. — Chef-lieu, *Poitiers* (antiquités, cathédrale ; 23,000 habitants). — Sous-préfectures : *Châtellerault*, sur la Vienne (manufacture d'armes, coutellerie) ; *Loudun*, *Montmorillon*, *Civray*, sur la Charente. — Autre lieu remarquable : *Vouillé* ou *Vouglé* (victoire de Clovis en 507).

Bassins de la Vilaine, du Blavet, de l'Ellé, de la Sèvre niortaise.

Il y a deux départements dans les bassins de la Vilaine et du Blavet : *Ille-et-Vilaine* et *Morbihan* ; — un dans les bassins de l'Ellé et de la rivière de Châteaulin : *Finisterre* ; — et deux dans le bassin de la Sèvre niortaise : *Deux-Sèvres* et *Vendée*.

*Département d'*ILLE-ET-VILAINE. — Chef-lieu, *Rennes*, au confluent de l'Ille et de la Vilaine (30,000 habitants). — Sous-préfectures : *Saint-Malo*, port de mer ; *Fougères* ; *Vitré*, sur la Vilaine ; *Montfort-sur-Meu* ; *Redon*, sur la Vilaine. — Autres villes : *Saint-Servan*, *Cancale*.

Département du MORBIHAN. — Chef-lieu, *Vannes*, port de mer, vers le golfe du Morbihan. — Sous-préfectures : *Lorient*, port célèbre, sur le Blavet ; *Pontivy*, *Ploërmel*. — Autres villes : *Port-Louis*, à l'embouchure du Blavet ; *Auray* (bataille de 1364).

Département du FINISTERRE (à l'extrémité occidentale de la France). — Chef - lieu , *Quimper - Corentin.* — Sous - préfectures : *Brest* (port militaire, bel arsenal de la marine, grand bagne ; 30,000 habitants); *Morlaix* , près de la Manche; *Châteaulin* , sur la rivière du même nom; *Quimperlé* , sur l'Ellé.

Département des DEUX-SÈVRES. — Chef-lieu, *Niort* , sur la Sèvre niortaise (serges , ganterie). — Sous-préfectures : *Bressuire* , *Parthenay* , *Melle.* — Autre ville : *Thouars* (château de la famille de La Trémouille).

Département de la VENDÉE. — Chef-lieu , *Bourbon - Vendée.* — Sous-préfectures : *Fontenay-le-Comte* , sur la Vendée; *Les Sables d'Olonne,* port de mer.—Autre ville : *Luçon.*

XX.

BASSIN DE LA GARONNE, AVEC LES BASSINS SECONDAIRES DE LA CHARENTE ET DE L'ADOUR. — DÉPARTEMENTS QU'ILS RENFERMENT. — VILLES PRINCIPALES.

Le bassin de la Garonne comprend deux territoires distincts : le bassin de la Garonne proprement dit et celui de la Dordogne.

Bassin de la Garonne.

On trouve dans ce bassin dix départements. Quatre sont traversés par la Garonne : *Haute-Garonne, Tarn-et-Garonne, Lot-et-Garonne, Gironde ;* — et six sont sur le cours supérieur ou moyen de l'Ariége, du Tarn, du Lot, et du Gers : *Ariége, Tarn, Lozère, Aveyron, Lot, Gers.*

Département de la HAUTE-GARONNE. — Chef-lieu, *Toulouse,* sur la Garonne, vers la jonction du canal du Midi (77,000 habitants). — Sous - préfectures : *Villefranche-de-Lauragais; Muret et Saint-Gaudens,* sur la Garonne.—Autre ville : *Bagnères de Luchon* (eaux minérales).

Département de TARN-ET-GARONNE. — Chef-lieu , *Montauban,* sur le Tarn (25,000 habitants). — Sous-préfectures : *Moissac,* sur le Tarn; *Castel-Sarrasin,* près de la Garonne.

Département de LOT-ET-GARONNE. — Chef-lieu, *Agen,* sur la Garonne (commerce de farines).—Sous-préfectures : *Villeneuve-d'Agen,* sur le Lot; *Nérac; Marmande,* sur la Garonne. — Autre ville : *Tonneins,* sur la Garonne.

Département de la GIRONDE. — Chef-lieu, *Bordeaux,* belle ville, sur la Garonne (pont et théâtre superbes; 110,000 habitants).—Sous-préfectures : *Libourne,* sur la Dordogne (port commerçant) ; *Blaye,* sur la rive droite de la Gironde; *Lesparre* (dans le pays de Médoc, resserré entre la Gironde et la mer, et renommé par ses vins); *La Réole,* sur la Garonne; *Bazas.* — Autres villes : *Coutras* (victoire de Henri IV, 1587); *La Teste,* sur un golfe nommé bassin d'Arcachon.

*Département de l'*ARIÉGE.—Chef-lieu, *Foix,* sur l'Ariége. —Sous-préfectures : *Pamiers*, sur l'Ariége ; *Saint-Girons*. — Autres villes : *Tarascon*, sur l'Ariége ; *Ax*, sur la même rivière (eaux minérales).

Département du TARN. Chef-lieu, *Alby*, sur le Tarn. — Sous-préfectures : *Castres* (draps) ; *Lavaur* ; *Gaillac*, sur le Tarn. — Autre ville : *Sorèze* (école célèbre ; bassin de Saint-Féréol, qui fournit de l'eau au canal du Midi).

Département de la LOZÈRE. — Chef-lieu, *Mende*, sur le Lot (serges). — Sous-préfectures : *Florac, Marvejols*.

*Département de l'*AVEYRON. — Chef-lieu, *Rodez*, sur l'Aveyron (belle cathédrale). — Sous-préfectures : *Villefranche d'Aveyron ; Espalion*, sur le Lot ; *Milhau*, sur le Tarn ; *Saint-Affrique*.

Département du LOT. — Chef-lieu, *Cahors*, sur le Lot. — Sous-préfectures : *Gourdon* ; *Figeac*, sur le Lot.

Département du GERS. — Chef-lieu, *Auch*, sur le Gers (belle cathédrale). — Sous-préfectures : *Condom* ; *Lectoure*, sur le Gers ; *Mirande, Lombez*.

Bassin de la Dordogne.

Il y a dans ce bassin trois départements : *Cantal, Corrèze, Dordogne*.

Département du CANTAL. — Chef-lieu, *Aurillac* (commerce de dentelles et de chaudronnerie). — Sous-préfectures : *Saint-Flour, Murat ; Mauriac*, près de la Dordogne.

Département de la CORRÈZE. — Chef-lieu, *Tulle*, sur la Corrèze (manufacture d'armes). — Sous-préfectures : *Brives-la-Gaillarde*, sur la Corrèze ; *Ussel*.

Département de la DORDOGNE. — Chef-lieu, *Périgueux*. — Sous-préfectures : *Nontron, Ribérac, Bergerac*, sur la Dordogne ; *Sarlat*.

Bassin de la Charente.

Deux départements : *Charente, Charente-Inférieure*.

Département de la CHARENTE. — Chef-lieu, *Angoulême*, sur la Charente (papier, lainages). — Sous-préfectures : *Confolens*, sur la Vienne ; *Ruffec*, près de la Charente ; *Cognac*, sur la Charente (eaux-de-vie) ; *Barbezieux*. — Autres villes : *Jarnac*, sur la Charente (bataille de 1569) ; *La Rochefoucauld*.

Département de la CHARENTE-INFÉRIEURE. — Chef-lieu, *La Rochelle*, port de mer (raffineries de sucre, manufactures de faïence). — Sous-préfectures : *Rochefort*, port militaire, sur la Charente, près de son embouchure (arsenal, hôpital de la marine) ; *Saintes*, sur la Charente (antiquités, eaux-de-vie) ; *Saint-Jean-d'Angely* ; *Marennes*, port de mer ; *Jonzac*.

Bassin de l'Adour.

Trois départements : *Hautes-Pyrénées, Basses-Pyrénées* et *Landes*.

Département des HAUTES-PYRÉNÉES. — Chef-lieu, *Tarbes*, sur l'Adour. — Sous-préfectures : *Bagnères-de-Bigorre*, sur l'Adour (eaux minérales) ; *Argelès*. — Autres lieux : *Campan* (belle vallée, marbre) ; *Baréges* (eaux minérales).

Département des BASSES-PYRÉNÉES.—Chef-lieu , *Pau*, sur le Gave de Pau. — Sous-préfectures : *Bayonne*, port très-commerçant , sur l'Adour, près de son embouchure ; *Orthez, Oléron* ou *Oloron*, *Mauléon*

Département des LANDES. — Chef-lieu, *Mont-de-Marsan*.—Sous-préfectures : *Saint-Sever* et *Dax*, sur l'Adour. — Autre ville : *Saint-Esprit*, sur l'Adour, en face de Bayonne.

XXI.

BASSIN DU RHÔNE, AVEC LES BASSINS SECONDAIRES DE L'AUDE, DE L'HÉRAULT ET DU VAR. — DÉPARTEMENTS QU'ILS RENFERMENT. — VILLES PRINCIPALES.

Bassin du Rhône.

Il y a dans ce bassin quinze départements, dont deux traversés par le Rhône ou ses branches : *Rhône* et *Bouches-du-Rhône ;* — six limités seulement par ce fleuve : *Ain*, *Ardèche*, *Gard*, à droite, et *Isère*, *Drôme*, *Vaucluse*, à gauche ; — cinq sur le cours supérieur ou moyen de l'Ain, de la Saône, du Doubs : *Jura*, *Doubs*, *Haute-Saône*, *Côte-d'Or*, *Saône-et-Loire ;* — deux sur le cours supérieur et moyen de la Durance : *Hautes-Alpes* et *Basses-Alpes*.

Département du RHÔNE. — Chef-lieu , *Lyon*, seconde ville de la France, au confluent de la Saône et du Rhône (soieries; 165,000 habitants).— Sous-préfecture : *Villefranche-sur-Saône*.—Autre ville : *Tarare* (mousselines).

Département des BOUCHES-DU-RHÔNE. — Chef-lieu, *Marseille*, troisième ville de France , sur le golfe de Lion (145,000 habitants). — Sous-préfectures : *Aix* (huile d'olive , eaux minérales ; 23,000 habitants ; *Arles*, sur le Rhône , vers l'endroit où il se divise en deux bras principaux (antiquités ; 20,000 habitants). — Autre ville : *Tarascon*, sur le Rhône.

*Département de l'*AIN. — Chef-lieu, *Bourg*.—Sous-préfectures · *Trevoux*, sur la Saône ; *Nantua*, sur un joli lac du même nom ; *Belley*, *Gex*.

*Département de l'*ARDÈCHE. — Chef-lieu, *Privas*. — Sous-préfectures : *Tournon*, sur le Rhône ; *L'Argentière*. — Autres villes : *Annonay* (papeteries, invention des ballons); *Aubenas*, sur l'Ardèche (soie, marrons); *Viviers*, sur le Rhône.

Département du GARD.—Chef-lieu , *Nîmes*, près du Gard (antiquités , soieries; 41,000 habitants). — Sous-préfectures : *Alais* (rubans de soie, forges, mines de houille); *Uzès*, *Le Vigan*. —Autres villes : *Beaucaire*, sur le Rhône 'foires); *Aigues-Mortes*, près de la Méditerranée.

*Département de l'*ISÈRE. —Chef-lieu, *Grenoble*, place forte, sur l'*Isère* (ganterie; 25,000 habitants). — Sous-préfectures : *Vienne*, sur le Rhône (draps, mines de plomb et argent; concile de 1311); *La Tour-du-Pin*, *Saint-Marcellin*, près de l'Isère.

Département de la DRÔME. — Chef-lieu, *Valence*, sur le Rhône. —Sous-préfectures : *Montélimart*, près du Rhône ; *Die*, sur la

Drôme ; *Nyons*. — Autres villes : *Romans*, sur l'Isère ; *Tain*, sur le Rhône (vignoble de l'Ermitage).

Département de VAUCLUSE. — Chef-lieu, *Avignon*, sur le Rhône (beaux édifices élevés par les papes ; 30,000 habitants). — Sous-préfectures : *Carpentras*, *Orange*, *Apt*.

Département du JURA. — Chef-lieu, *Lons-le-Saunier* (salines). — Sous-préfectures : *Dôle*, sur le Doubs ; *Poligny*, *Saint-Claude* (ouvrages en bois, en corne, etc.). — Autres villes : *Arbois* (vins), *Salins* (salines).

Département du DOUBS. — Chef-lieu, *Besançon*, place forte, sur le Doubs (30,000 habitants). — Sous-préfectures : *Baume-les-Dames*, près du Doubs ; *Montbéliard*, *Pontarlier*, sur le Doubs.

Département de la HAUTE-SAÔNE. — Chef-lieu, *Vesoul*. — Sous-préfectures : *Gray*, sur la Saône ; *Lure*. — Autre ville : *Luxeuil* (eaux minérales).

Département de la CÔTE-D'OR. — Chef-lieu, *Dijon*, jolie ville (25,000 habitants). — Sous-préfectures : *Beaune* (vins) ; *Châtillon-sur-Seine*, *Semur*. — Autres villes : *Auxonne*, place forte, sur la Saône ; *Montbard*.

Département de SAÔNE-ET-LOIRE. — Chef-lieu, *Mâcon* (vins). — Sous-préfectures : *Autun* (antiquités), *Charolles*, *Chalon-sur-Saône*, à la jonction du canal du Centre et de la Saône ; *Louhans*. — Autres villes : *Cluny* (ancienne abbaye) ; *Tournus*, sur la Saône.

Département des HAUTES-ALPES. — Chef-lieu, *Gap*. — Sous-préfectures : *Embrun* et *Briançon*, places fortes, sur la Durance.

Département des BASSES-ALPES. — Chef-lieu, *Digne*. — Sous-préfectures : *Sisteron*, sur la Durance ; *Forcalquier*, *Barcelonnette*, *Castellane*.

Bassins de l'Hérault et de l'Aude.

Il y a dans ces bassins deux départements : ceux de l'*Hérault* et de l'*Aude*. On peut rattacher à cette région naturelle le département des *Pyrénées-Orientales*, arrosé par la Tet, petit tributaire de la Méditerranée.

Département de l'HÉRAULT. — Chef-lieu, *Montpellier* (école de médecine, fabrication de vert-de-gris, commerce de vins et eaux-de-vie ; 36,000 habitants). — Sous-préfectures : *Béziers*, dans une situation très-agréable, sur l'Orbe et sur le canal du Midi ; *Lodève* (draps) ; *Saint-Pons de Thomières*. — Autres villes : *Pézénas* (belle situation) ; *Agde*, port sur l'Hérault, près de son embouchure ; *Cette*, port de mer, sur une langue de terre qui sépare l'étang de Thau de la Méditerranée ; *Frontignan* et *Lunel* (vins).

Département de l'AUDE. — Chef-lieu, *Carcassonne*, sur l'Aude. — Sous-préfectures : *Castelnaudary*, sur le canal du Midi ; *Narbonne*, ville très-ancienne, près de la Méditerranée ; *Limoux*, sur l'Aude (vins).

Département des PYRÉNÉES-ORIENTALES. — Chef-lieu, *Perpignan*, place forte, sur la Tet. — Sous-préfectures : *Prades*, *Céret*. — Autres villes : *Collioure* et *Port-Vendres*, ports de mer.

Bassin du Var.

Il y a dans ce bassin un seul département, celui du VAR, dont le chef-lieu est *Draguignan*. — Sous-préfectures : *Toulon*, place forte et beau port militaire, sur la Méditerranée (bagne, commerce de vins, huile, savon ; 28,000 habitants) ; *Grasse* (parfums, fruits, huile) ; *Brignoles* (prunes). — Autres villes : *Hyères* (beau climat) ; *Fréjus*, *Antibes*, port de mer.

L'île de CORSE forme un département qui n'appartient à aucun des bassins précédents. Le chef-lieu est *Ajaccio*, port de mer, sur la côte occidentale. — Sous-préfectures : *Bastia*, place forte et port de mer, sur la côte orientale ; *Corte*, *Calvi*, *Sartène*.

XXII.

ESPAGNE. — 1. POSITION. — 2. LIMITES. — 3. DIVISION. — 3. RIVIÈRES.— MONTAGNES. — 4. POPULATION. — GOUVERNEMENT. — RELIGION. — 5. VILLES PRINCIPALES.

§ 1. Position. — Limites.

L'Espagne occupe, avec le Portugal, la grande péninsule située à l'extrémité S. O. de l'Europe, entre l'Atlantique, à l'O., et la Méditerranée, à l'E. Elle est comprise entre 36° et 43° 46′ de lat. N., et entre 1° 55′ de long. E. et 11° 33′ de long. O. — Elle est bornée au N. par la France et par la partie de l'océan Atlantique qu'on appelle golfe de Gascogne, mer de Biscaye ou mer de France ; au S., le détroit de Gibraltar la sépare de l'Afrique.

§ 2. Division.

L'Espagne est divisée depuis peu en 48 provinces, qui portent presque toutes les noms de leurs chefs-lieux ; elle l'a été longtemps en 15 grandes parties, qui sont encore généralement conservées comme capitaineries militaires. Dix de ces anciennes divisions sont maritimes, et cinq sont intérieures. Parmi les premières, il y en a 4 le long de la mer de Biscaye, dans le N. et le N. O. du royaume ; ce sont : la *Galice*, les *Asturies*, la *Vieille-Castille* et les *provinces Basques* ; — 5 sont baignées par la Méditerranée, et se trouvent à l'E. et au S. E. : la *Catalogne*, le *royaume de Valence*, le *royaume de Murcie*, le *royaume de Grenade* et les *îles Baléares* ; — la dernière est au S., sur le détroit de Gibraltar et l'Atlantique : c'est l'*Andalousie*.

Deux des divisions intérieures, l'*Aragon* et la *Navarre*, sont placées au N. et touchent la France ; — deux autres, à l'O., le *royaume de Léon* et l'*Estrémadure*, s'étendent vers la frontière du Portugal. — Une seule, située au centre, ne s'avance vers aucune des limites de la monarchie : c'est la *Nouvelle-Castille*.

§ 3. Rivières. — Montagnes.

Sur le versant de la Méditerranée, coule l'*Èbre*, ainsi que le *Jucar*, qui se jette dans la mer un peu au S. du lac d'Albufera.—Sur le versant de l'Atlantique , se trouvent le *Miño* ou *Minho* , le *Duero* ou *Douro*, le *Tage* , la *Guadiana*, le *Guadalquivir*. — L'Espagne est fort montagneuse : on voit au N. E. les *Pyrénées* , sur la frontière de France. — La continuation occidentale des Pyrénées est formée par les monts *Cantabres* , qui vont se terminer au cap Finisterre.—Les monts *Ibériques* , qui se détachent des monts Cantabres , parcourent l'Espagne du N. au S., et se prolongent jusqu'au promontoire de Gibraltar ; ils portent au S. le nom de *Sierra Nevada*. Parmi leurs branches , on distingue la *Sierra Morena*.

§ 4. Population. — Gouvernement. — Religion.

L'Espagne renferme environ 14 millions d'habitants. — Le gouvernement est une monarchie constitutionnelle : le pouvoir royal est limité par deux assemblées législatives (la chambre des députés et celle des pairs ou sénateurs), qu'on désigne sous le nom général de *Cortès*. La religion catholique est celle de l'Espagne.

§ 5. Villes principales.

Région de la mer de Biscaye. — Dans la Galice : *La Corogne, Santiago* ou *Saint-Jacques de Compostelle* (30,000 habitants), célèbre par sa vaste cathédrale et par le pèlerinage qu'on y fait au tombeau de saint Jacques le Majeur. — Dans les Asturies : *Oviedo.* — Dans la Vieille-Castille . *Santander, Burgos, Logroño, Soria, Ségovie et Avila.* — Les provinces Basques, qui se composent de la Biscaye , du Guipuzcoa et de l'Alava, ont pour villes principales *Bilbao, Saint-Sébastien*, port de mer , et *Vitoria.*

Région de la Méditerranée. — Les villes principales de la Catalogne sont : *Barcelone*, belle ville et port célèbre (120,000 habitants); *Girone* ou *Gerona, Lerida , Tarragone*, port de mer; *Tortose*, sur l'Èbre; *Reus*, ville toute moderne et fort industrieuse. (Entre la Catalogne et le département français de l'Ariége, au milieu des Pyrénées, est la petite république d'*Andorre*). —Dans le royaume de Valence : *Valence*, belle ville de 65,000 âmes; *Alicante*, port de mer, dont les vins sont renommés; *Orihuela*, dans une plaine fertile qu'on a surnommée le *Jardin* de l'*Espagne*. — Dans le royaume de Murcie : *Murcie, Carthagène*, port célèbre (40,000 habitants).— Dans le royaume de Grenade : *Grenade* (80,000 habitants), dans une situation délicieuse, avec des restes admirables de monuments maures; *Malaga* (50,000 habitants), ville maritime, célèbre, par ses vins. — Les îles Baléares, dont les principales sont Majorque, Minorque et Ivice, ont pour capitale *Palma*, port de mer de l'île Majorque ; l'île Minorque a pour chef-lieu *Mahon* ou *Port-Mahon*, avec un beau port.

Région du détroit de Gibraltar et de l'Atlantique. — L'Andalousie a pour villes principales : *Séville* (90,000 habitants), dans une position admirable, sur le Guadalquivir ; *Jaen ; Cordoue* (60,000 habitants), sur le Guadalquivir, autrefois très-peuplée et très-belle sous les Maures ; *Cadix*, place très-forte et très-commerçante , dans l'île de Léon (53,000 habitants); *Xerez de la Frontera*, célèbre par ses vins. Vers l'extrémité S de l'Andalousie, est *Gibraltar*, ville très-forte, sur le détroit du même nom ; elle appartient aux Anglais depuis 1704.

RÉGIONS INTÉRIEURES. — Dans l'Aragon : *Saragosse* (43,000 habitants), sur l'Èbre.—Dans la Navarre : *Pampelune.*—Dans le royaume de Léon : *Léon, Zamora, Valladolid, Salamanque*, célèbre par son université.—Dans l'Estrémadure : *Badajoz*, sur la Guadiana.—Dans la Nouvelle-Castille : MADRID, capitale de l'Espagne (200,000 habitants), sur le Manzanarès, petit tributaire du Tage ; *Guadalaxara, Cuenca, Tolède*, sur le Tage, *Ciudad-Real*, sur la Guadiana, dans l'ancienne province de la Manche; deux magnifiques résidences royales : *L'Escurial*, au N. O. de Madrid, et *Aranjuez*, au S., sur le Tage.

XXIII.

PORTUGAL. — 1. POSITION. — LIMITES. — 2. DIVISION. — 3. RIVIÈRES.— MONTAGNES. — 4. POPULATION. — GOUVERNEMENT. — RELIGION. — 5. VILLES PRINCIPALES.

§ 1. Position.—Limites.

Le Portugal, situé dans la partie occidentale de la péninsule Hispanique, est compris entre 36° 56′ et 42° 7′ de latitude N., et entre 8° 30′ et 11° 50′ de longitude O. — Il est borné à l'O. et au S. par l'Atlantique

§ 2. Division.

Ce royaume comprend 6 provinces : celles de *Tras-os-Montes* et de *Minho* ou d'*Entre-Douro-et-Minho*, situées au N. du Douro ; — la *Beira*, entre le Douro et le Tage ; — l'*Estrémadure*, sur les deux rives du Tage ; — l'*Alentejo* ou *Alemtejo*, et l'*Algarve*, dans la partie la plus méridionale du pays.

§ 3. Rivières. — Montagnes.

Le Portugal est tout entier situé sur le versant de l'Atlantique. Ses cours d'eau les plus importants sont : le *Minho*, qui trace une partie de sa limite septentrionale ; le *Douro*, le *Mondego*, le *Tage*, qui forme, un peu avant de se jeter dans l'océan, une espèce de baie nommée *mer de la Paille* ; la *Guadiana*, qui a son embouchure sur la frontière de l'Espagne. — La principale chaîne de montagnes du Portugal est la *Serra da Estrella*, qui s'étend entre le Douro et le Tage.

§ 4. Population. — Gouvernement. — Religion.

La population du Portugal est de trois à quatre millions d'habitants. — Le gouvernement est une monarchie constitutionnelle ; les assemblées qui tempèrent le pouvoir du souverain portent, comme en Espagne, le nom de *Cortès.* — Le catholicisme est la religion générale du pays ; les autres cultes sont tolérés ; un patriarche qui réside à Lisbonne est le chef de l'église portugaise.

Braga, *Oporto* ou *Porto*, ville maritime de 70,000 habitants, à l'embouchure du *Douro* : elle a porté anciennement le nom de *Portus Calle*, changé plus tard en celui de *Portucale*, dont on a fait *Portugal*. — *Coimbre*, sur le Mondego, avec une université célèbre. — LISBONNE, capitale du royaume, sur la rive droite du Tage, vers l'endroit où ce fleuve sort de la mer de la Paille (260,000 habitants). — *Setuval*, port de mer commerçant.

XXIV.

ILES BRITANNIQUES. — POSITION. — DIVISION EN GRANDES ET PETITES ÎLES. — POPULATION GÉNÉRALE DES ÎLES BRITANNIQUES. ANGLETERRE. — 1. LIMITES. — 2. RIVIÈRES. — CANAUX. — MONTAGNES. — 3. DIVISION. — 4. POPULATION. — GOUVERNEMENT. — RELIGION. — 5. VILLES PRINCIPALES.

ILES BRITANNIQUES EN GÉNÉRAL.

Position. — Division en grandes et petites îles. — Population générale.

Les îles Britanniques sont placées au N. O. de la France, dont le Pas de Calais et la Manche les séparent; la mer du Nord ou d'Allemagne les baigne à l'E., et l'Atlantique les environne au N. O., à l'O. et au S. O. Ce grand archipel s'étend depuis 49° 50' jusqu'à 61° 10' de latitude N., et depuis 0" 35' jusqu'à 12° 50' de longitude O. — Il y a deux principales îles Britanniques : la *Grande-Bretagne* (comprenant l'Angleterre, le pays de Galles et l'Écosse), à l'E., et l'*Irlande*, à l'O; elles sont séparées l'une de l'autre par le canal du Nord, la mer d'Irlande et le canal Saint-George. — Les petites îles de cet archipel sont : les îles *Shetland* et les *Orcades*, au N. de la Grande-Bretagne; les *Hébrides* ou îles *Occidentales*, au N. O. de la même contrée; l'île de *Man* et celle d'*Anglesey*, dans la mer d'Irlande; l'île de *Wight*, sur la côte méridionale de la Grande-Bretagne, et les îles *Sorlingues* ou *Scilly*, au S. O.

Les îles Britanniques contiennent environ 25 millions d'habitants. Il faut remarquer qu'elles ne forment qu'une petite partie de l'*empire Britannique*; cet empire comprend, en outre : ° d'autres îles en Europe : les îles *Anglo-Normandes*, près de la France; *Malte*, près de la Sicile; les îles *Ioniennes; Helgoland* (près de la côte septentrionale de l'Allemagne); 2° en Asie, une grande partie des *Indes*; 3° en Afrique, la colonie du *Cap*, l'île de *France* ou Maurice, etc.; 4° en Amérique, le *Canada*, la *Nouvelle-Écosse*, *Terre-Neuve*, la *Jamaïque* et beaucoup d'autres *Antilles*, la *Guiane anglaise*, etc.; 5° dans l'Océanie, la *Nouvelle-Galles méridionale*, la *Terre de Diemen* et quelques autres territoires. — La population de tout l'empire est d'environ 50 millions d'habitants.

ANGLETERRE.

§ 1. Limites.

L'Angleterre, avec le pays de Galles, occupe la partie méridionale de la Grande-Bretagne. Elle est bornée au N. par l'Écosse, vers laquelle les monts Cheviot et le Tweed la limitent ; à l'E., par la mer du Nord, qui forme le golfe du Wash ; au S. E., par le Pas de Calais ; au S., par la Manche ; à l'O., par la mer d'Irlande, le canal Saint-George et l'Atlantique, qui forme sur cette côte un golfe profond appelé canal de Bristol.

§ 2. Rivières. — Canaux. — Montagnes.

Sur le versant oriental ou de la mer du Nord, on remarque la *Tamise*, qui se forme par la réunion de la *Thame* et de l'*Isis*, et qui se jette dans la mer par une très-large embouchure ; la *Grande-Ouse* ; l'*Humber*, fort large, mais peu long, et formé par la jonction du *Trent* et de la *Petite-Ouse* ; — sur le versant occidental, la *Mersey*, la *Dee*, qui tombent dans la mer d'Irlande ; la *Saverne* ou *Severn*, qui débouche au fond du canal de Bristol.

Au milieu des nombreux canaux qui entrecoupent l'Angleterre, on remarque surtout : 1° les deux lignes qui unissent la Tamise au Trent, et dont la plus orientale est formée des canaux de *Grand-Junction*, de *Grand-Union*, d'*Union* et de *Leicester*; l'autre, des canaux d'*Oxford* et de *Coventry* ; 2° le canal de *Grand-Trunk*, qui joint le Trent à la Mersey ; 3° le canal de *Tamise* et *Saverne*, qui va de l'Isis à la Saverne.

Dans le N. de l'Angleterre sont les montagnes du *Pic*, les monts *Moorlands*, et, sur la frontière d'Écosse, les monts *Cheviot*. Le pays de Galles est presque partout couvert de montagnes.

§ 3. Division.

L'Angleterre et le pays de Galles sont divisés en 52 comtés ou *shires*, dont 40 pour l'Angleterre seule. De ces 40 comtés, il y en a 20 maritimes et 20 intérieurs. Les comtés maritimes peuvent se classer en 3 régions : 1° les comtés de la côte orientale, savoir : *Northumberland*, *Durham*, *York*, *Lincoln*, *Norforlk*, *Suffolk*, *Essex*; — 2° les comtés de la côte méridionale : *Kent*, *Sussex*, *Southampton* ou *Hampshire*, *Dorset*, *Devon*, *Cornouailles* ;—3° les comtés de la côte occidentale : *Somerset*, *Gloucester*, *Monmouth*, *Chester*, *Lancastre*, *Westmoreland* et *Cumberland*.

Parmi les comtés non baignés par la mer, on remarque *Worcester*, *Warwick*, *Stafford*, *Derby*, *Nottingham*, *Leicester*, *Northampton*, *Cambridge*, *Bedford*, *Buckingham*, *Oxford*, *Berks*, *Surrey*, *Middlesex* (qui contient Londres).

La principauté de Galles se divise en deux parties : *Galles septentrionale* et *Galles méridionale*.

§ 4. Population. — Gouvernement. — Religion.

L'Angleterre contient 14,000,000 d'hab. — Le gouvernement est une monarchie constitutionnelle ; le roi ou la reine partage le pouvoir avec deux chambres : la *chambre haute*, des *lords* ou des *pairs*, composée de membres choisis par le souverain, et la *chambre basse* ou des *communes*, composée de membres élus par la nation : l'Angleterre et le pays de Galles y envoient 500 députés. Les deux chambres forment ce qu'on appelle le *Parlement*. Le titre politique des îles Britanniques est *royaume-uni de Grande-Bretagne et d'Irlande*. — La religion *anglicane* est dominante en Angleterre ; elle reconnaît le souverain pour chef suprême de l'Église ; il y a deux archevêchés : *Cantorbéry* et *York*.

§ 5. Villes principales.

LONDRES, capitale de l'Angleterre et de toute la monarchie britannique, est la ville la plus grande, la plus riche et la plus peuplée de l'Europe. Elle est traversée par la Tamise, qui y présente un port constamment occupé par d'innombrables navires. 1,500,000 habitants. — Les villes remarquables des comtés maritimes sont : *Newcastle, Sunderland*, avec un bon port ; *York*, très-ancienne ville ; *Hull* ou *Kingston-upon-Hull*, port fameux sur l'Humber ; *Sheffield* et *Leeds*, villes manufacturières, d'environ 100,000 habitants ; *Norwich*, avec 60,000 habitants ; *Cantorbéry* ou *Canterbury*, célèbre par son ancienneté et sa cathédrale ; *Greenwich*, par son observatoire et son hôpital de la marine ; *Douvres*, port fameux, sur le Pas de Calais ; *Brighton, Portsmouth, Southampton, Plymouth* (60,000 habitants), ports de mer sur la Manche ; *Bristol*, port très-commerçant, sur l'Avon, avec plus de 100,000 habitants ; *Bath*, fameuse par ses eaux minérales ; *Liverpool*, célèbre par son port ; *Manchester*, par ses manufactures, et peuplées, chacune, de près de 200,000 habitants.

Dans les comtés intérieurs, on remarque : *Birmingham* (150,000 habitants), fameuse par ses manufactures d'armes, de quincaillerie, etc.; *Nottingham, Leicester; Cambridge* et *Oxford*, avec de célèbres universités.

XXV.

ÉCOSSE. — 1. LIMITES. — 2. RIVIÈRES. — CANAUX. — MONTAGNES. — 3. — DIVISION. — 4. POPULATION. — GOUVERNEMENT. — RELIGION. — — 5. VILLES PRINCIPALES.— 6. GROUPES D'ÎLES QUI AVOISINENT L'ÉCOSSE.

IRLANDE. — 1. LIMITES. — 2. RIVIÈRES. — CANAUX. — MONTAGNES. — 3. DIVISION. — 4. POPULATION. — GOUVERNEMENT. — RELIGION. — VILLES PRINCIPALES.

ÉCOSSE.

§ 1. Limites.

L'Écosse est une contrée longue et irrégulière, qui occupe toute la partie de la Grande-Bretagne située au N. du golfe de Solway, des monts Cheviot et de l'embouchure du Tweed. Elle est baignée à l'E. par la mer du Nord ; au N. et à l'O., par l'Atlantique ; au S. O., par le canal du Nord, qui la sépare de l'Irlande. — Les côtes en sont très-découpées : on y remarque les golfes de *Forth*, de *Tay*, de *Murray*.

§ 2. Rivières. — Canaux. — Montagnes.

Sur le versant de l'E., coulent le *Forth* et le *Tay*, tributaires des deux golfes auxquels ils donnent leurs noms ; — sur le versant de l'O. la *Clyde* se jette dans le golfe du même nom. — Il y a un grand nombre de lacs, dont le principal est le *Loch Lomond*.

L'Écossse a deux canaux rès-importants : celui de *Forth-et-Clyde*, ainsi nommé des deux fleuves qu'il réunit ; et le canal *Calédonien*, qui va de l'Atlantique au golfe de Murray.

Les montagnes principales de l'Écosse sont les monts *Grampiens*, dont la chaîne s'étends du N. E. au S. O., dans la partie centrale du pays.

§ 3. Division.

L'Écosse est partagée en deux grandes régions naturelles : l'une, au N., nommée *terres hautes* ou *Highlands*, est très-montagneuse ; l'autre, au S., appelée *terres basses* ou *Lowlands*, est généralement composée de plaines. — Sous le rapport administratif, cette contrée est divisée en trente-trois comtés, que l'on classe en comtés du S., comtés du milieu, et comtés du N. — Les principaux comtés du S. sont : *Edinbourg, Berwick, Dumfries, Ayr, Lanark, Renfrew.* — Parmi les comtés du milieu, on distingue ceux de *Stirling, Fife, Angus* ou *Forfar, Aberdeen, Perth, Argyle, Inverness* — Parmi les comtés du N., on remarque ceux de *Ross* et de *Sutherland.*

§ 4. Population. — Gouvernement. — Religion.

L'Écosse a environ 2,500,000 habitants. — Elle fait partie du *royaume-uni* de *Grande-Bretagne* et d'*Irlande*, et envoie à la chambre des communes 53 députés. — Le presbytérianisme, qui tient de près au calvinisme, et qui n'a ni archevêques, ni évêques, est la religion générale.

§ 5. Villes principales.

Dans les comtés du S. : *Édinbourg*, capitale de l'Écosse, près de la côte méridionale du golfe de Forth ; célèbre université ; 160,000 habitants. — *Leith*, port d'Édinbourg, sur le golfe de Forth. — *Glasgow*, ville manufacturière, de 200,000 habitants, sur la Clyde ; importante université. — *Greenock*, port très-fréquenté, à l'embouchure de la Clyde. — *Paisley*, ville manufacturière, de 50,000 habitants.

Dans les comtés du milieu : *Saint-André*, sur la mer du Nord ; célèbre université. — *Dundee*, port florissant, à l'embouchure du Tay. — *Aberdeen* (50,000 habitants), port de mer, avec une université. — *Perth*, jolie ville, sur le Tay. — *Inverness*, à l'extrémité N. E. du canal Calédonien.

§ 6. Groupes d'îles qui avoisinent l'Écosse.

Trois groupes d'îles dépendent de l'Écosse ; ce sont les *Hébrides*, les *Orcades* et les îles *Shetland*.

Les Hébrides ou îles *Occidentales* (anciennement *Ebudes*), à l'O. de l'Écosse, sont très-nombreuses et forment deux archipels distincts : l'un comprend les Hébrides les plus éloignées de la côte d'Écosse, c'est-à-dire les *Hébrides proprement dites*, qui se dirigent du N. N. E. au S. S. O., sur une ligne assez régulière ; la principale est *Lewis*. L'autre archipel se compose des îles qu'on appelle *Hébrides sporades*, parce qu'elles sont *éparses* sans ordre le long de la côte de la Grande-Bretagne ; on y remarque *Skye, Mull, Staffa*, fort petite, mais célèbre par la grotte basaltique de Fingal ; *Iona* ou *I-Colmkill*, autre petite île, fameuse par le monastère qu'y fonda saint Colomban au VIe siècle, et d'où le christianisme se répandit en Écosse.

Les *Orcades* ou *Orkney*, situées vers l'extrémité septentrionale de l'Écosse, dont elles sont séparées par le détroit de Pentland, ont pour île principale *Pomona* ou *Mainland*.—Le groupe stérile de *Shetland*, au N. E. des Orcades, a pour île principale une autre *Mainland*.

IRLANDE.

§ 1. Limites.

L'Irlande a une forme à peu près ovale, et s'allonge du N. N. E. au S. S. O. ; elle est séparée de l'Écosse, au N. E., par le canal du Nord ; elle l'est de l'Angleterre et du pays de Galles, à l'E., par la mer d'Irlande et le canal Saint-George ; l'Atlantique l'enveloppe dans les autres directions. La côte occidentale de cette île est fort découpée : on y remarque les grandes baies de *Donegal* et de *Galway*.

§ 2. Rivières. — Canaux — Montagnes.

Le principal fleuve d'Irlande est le *Shannon*, qui forme beaucoup de lacs, et qui se jette dans l'Atlantique, sur la côte occidentale. On remarque aussi, vers le S., le *Barrow* et la *Suir* ; à l'E., la *Liffey* ou *Anna*. — La seule importante ligne de canaux est celle qui unit la Liffey au Barrow et le Barrow au Shannon ; elle est formée par le *Grand Canal* et le *canal Royal*. — Il n'y a point en Irlande de montagnes remarquables. — Parmi les lacs, on distingue le *Lough Neagh*.

§ 3. Division.

L'Irlande est divisée en quatre provinces : l'*Ulster*, au N. ; le *Leinster*, à l'E. ; le *Connaught*, à l'O., et le *Munster*, au S. Elle se subdivise en trente-deux comtés. — L'Ulster comprend neuf comtés, parmi lesquels on remarque ceux de *Donegal, Londonderry, Antrim, Down, Armagh, Tyrone*. — Le Leinster en contient douze : *Meath, Dublin, Wicklow, Wexford, Kilkenny*, etc.—Le Connaught renferme cinq comtés, dont les plus importants sont ceux de *Mayo* et de *Galway*.—Le Munster en a six : *Limerick, Cork, Waterford*, etc.

§ 4. Population. — Gouvernement. — Religion.

L'Irlande a environ 9,000,000 d'habitants. — Cette île, soumise à l'Angleterre depuis le XIIe siècle, avait continué d'être régie par ses lois particulières jusqu'en 1801 ; elle fut alors définitivement réunie à la Grande-Bretagne ; elle envoie 105 membres à la chambre des communes. — La grande majorité de la population irlandaise est catholique ; cependant elle est obligée de payer la dîme au clergé anglican. Il y a quatre archevêchés catholiques et quatre archevêchés anglicans.

§ 5. Villes principales.

Dans l'Ulster : *Londonderry ; Belfast*, port de mer. — Dans les Leinster : DUBLIN, capitale de l'Irlande, au fond d'une baie magnifique de la côte orientale de l'île ; université ; 250,000 habitants. *Kilkenny*, très-jolie ville.—Dans le Connaught : *Galway*, sur la baie du même nom.—Dans le Munster : *Cork*, ville maritime, de 100,000 habitants ; *Limerick*, sur le Shannon, avec un port florissant (60,000 habitants) ; *Waterford*, autre port, à l'embouchure de la Suir.

XXVI.

BELGIQUE. — 1. LIMITES. — 2. RIVIÈRES. — CANAUX. — MONTAGNES. — 3. DIVISION. — 4. POPULATION. — GOUVERNEMENT. — RELIGION. — 5. VILLES PRINCIPALES.

§ 1. Limites.

La Belgique est un petit royaume qui fut formé, en 1831, de la partie méridionale des anciens *Pays-Bas*. Elle est bornée, au S. et au S.O., par la France; à l'O., par la mer du Nord ; au N. par le royaume de Hollande ; à l'E., par quelques parties de ce royaume et par les États Prussiens.

§ 2. Rivières. — Canaux. — Montagnes.

La Belgique appartient tout entière au bassin de la mer du Nord. Les principaux fleuves sont la *Meuse* et l'*Escaut*. La première reçoit l'*Ourthe* et la *Sambre*. L'Escaut reçoit la *Lys* et le *Rupel :* celui-ci est formé par la réunion de la *Nèthe* et de la *Dyle*.—Il y a beaucoup de canaux dans cette industrieuse et commerçante contrée, qui est aussi sillonnée par de nombreux chemins de fer. On distingue surtout le canal de *Gand* à *Bruges* et à *Ostende* ; ceux de *Bruxelles* et de *Louvain*, qui unissent Bruxelles et Louvain au Rupel ; et celui de *Mons* à *Condé*, qui va de Mons à l'Escaut.—Le sol est généralement plat ; cependant on remarque, dans le S., les montagnes des *Ardennes*.

§ 3. Division.

La Belgique est divisée en neuf provinces. Quatre sont dans le bassin de l'Escaut : la *Flandre occidentale*, la *Flandre orientale*, *Anvers* et le *Brabant méridional ;* — quatre dans le bassin de la Meuse : *Namur*, le *Luxembourg*, *Liége* et le *Limbourg ;* — il y en a une qui se trouve moitié dans le bassin de la Meuse, moitié dans le bassin de l'Escaut : c'est le *Hainaut*.

Nota. Il ne se trouve dans le royaume de Belgique qu'une partie du Limbourg et du Luxembourg : le reste appartient à la Hollande.

§ 4. Population. — Gouvernement. — Religion.

La Belgique a environ 4,000,000 d'habitants.—Le gouvernement est une monarchie constitutionnelle ; il y a deux chambres, nommées par la nation : le *sénat* et la chambre des *représentants*. — La religion catholique est la plus répandue ; mais tous les autres cultes jouissent d'une entière liberté. Il y a un archevêché.

§ 5. Villes principales.

Dans les provinces du bassin de l'Escaut : BRUXELLES, capitale de la Belgique et chef-lieu du Brabant méridional, sur la Senne, petit affluent de la Dyle. *Louvain*, dans la même province, avec une célèbre université. — *Bruges* (40,000 habitants), chef-lieu de la Flandre occidentale. *Ostende*, port de mer ; *Ypres* et *Courtrai*, dans la même province. — *Gand*, très-grande ville, chef-lieu de la Flandre orientale, au confluent de la Lys et de l'Escaut ; 85,000 habitants. — *Anvers*, place très-forte et port très-commerçant, sur l'Escaut ; 70,000 habitants. *Malines*, jolie ville, dans la province d'Anvers, sur la Dyle, avec des fabriques de belles dentelles et une magnifique cathédrale.

Dans les provinces du bassin de la Meuse : *Namur*, au confluent de la Sambre et de la Meuse. — *Liége* (60,000 habitants), au confluent de la Meuse et de l'Ourthe ; *Verviers*, intéressante par ses draps, et *Spa*, par ses eaux minérales.

Dans le Hainaut : *Mons*, dans un territoire riche en charbon de terre ; *Tournai*, sur l'Escaut. Beaucoup d'endroits illustrés par des batailles : *Jemmapes*, *Fleurus*, *Seneffe*, *Fontenoy*, etc.

XXVII.

HOLLANDE. — 1. LIMITES. — 2. — RIVIÈRES. — CANAUX. — MONTAGNES. — 3. DIVISION. — 4. POPULATION. — GOUVERNEMENT. — RELIGION. — 5. VILLES PRINCIPALES.

§ 1. Limites.

Le royaume de Hollande, partie septentrionale des anciens Pays-Bas ou de la Néderlande (1), a pour bornes, au N. et à l'O., la mer du Nord ; au S., la Belgique ; à l'E., l'Allemagne. Ses côtes forment un golfe profond nommé *Zuider-zee*, dont la plus grande partie était anciennement le lac *Flévo*, qu'une immense inondation confondit avec la mer en 1282. Sur la limite de l'Allemagne, s'enfonce un autre golfe, le *Dollart*.

§ 2. Rivières. — Canaux. — Montagnes.

Tous les cours d'eau de la Hollande appartiennent au bassin de la mer du Nord : les plus importants sont le *Rhin*, la *Meuse* et l'*Escaut*. Le *Rhin* se divise en plusieurs branches, dont quatre principales : deux, à gauche, le *Whaal* et le *Leck*, se joignent à la Meuse ; une autre, à droite, nommée *Yssel* ou *Over-Yssel*, va se jeter dans le Zuider-zee ; la quatrième, qu'on désigne sous le nom de *Vieux Rhin*, tombe directement dans la mer du Nord, près de Leyde. — Les canaux de navigation et les canaux de desséchement sont nombreux en Hollande. Le canal du *Nord*, qui s'étend d'Amsterdam au Helder, dans la presqu'île

---

(1) On dit aussi *Néerlande*.

placée à l'O. du Zuider-zee, est peut-être le plus beau canal du globe.
— Le territoire hollandais est partout bas et plat, excepté dans le
Luxembourg, que couvrent les montagnes des *Ardennes*.

§ 3. Division.

Le royaume de Hollande est divisé en onze provinces, dont sept maritimes et quatre intérieures. Des sept premières, cinq sont placées
autour du Zuider-zee : ce sont celles de *Hollande propre* (divisée en
Hollande septentrionale et Hollande méridionale), d'*Utrecht*, de
Gueldre, d'*Over-Yssel* et de *Frise* ; — une est baignée par le Dollart :
c'est celle de *Groningue*, placée à l'extrémité N. E. du royaume ; — la
dernière, à l'extrémité S. O., est composée d'îles situées vers les bouches de l'Escaut : c'est la *Zélande*.

Les provinces intérieures sont : la *Drenthe*, au N. E. ; le *Brabant
septentrional*, le *Limbourg hollandais* et le *Luxembourg hollandais*, au S. Le Luxembourg hollandais a le titre de *grand-duché de
Luxembourg*, et fait partie de la Confédération Germanique.

§ 4. Population. — Gouvernement. — Religion.

La population de la Hollande n'est que d'environ 3,000,000 d'habitants ; mais les colonies importantes que ce royaume possède en Amérique, en Afrique et dans l'Océanie en renferment près de 10,000,000.
— Le gouvernement est une monarchie constitutionnelle ; il y a deux
chambres : la *première*, composée de membres nommés par le souverain, et la *seconde*, dont les membres sont élus par les provinces :
ces deux chambres forment les *états généraux*. — La religion générale est le calvinisme. Il y a un assez grand nombre de luthériens et
quelques catholiques.

§ 5. Villes principales.

Dans la Hollande septentrionale : *Amsterdam*, la plus grande ville
du royaume, et l'un des ports les plus commerçants de l'Europe, sur
l'Y, bras du Zuider-zee, et sur l'Amstel, rivière qui se jette dans ce
bras ; 200,000 habitants. — *Harlem*, près et au N. O. d'un lac du
même nom. — *Horn* ou *Hoorn*, port de mer, sur le Zuider-zee. —
Zaandam ou *Saardam*, très-commerçante, sur le bord septentrional
de l'Y.

Dans la Hollande méridionale : LA HAYE, belle ville, capitale du
royaume, près de la mer du Nord ; 60,000 habitants. — *Leyde* (anciennement *Lugdunum-Batavorum*) sur le Vieux Rhin ; fameuse
par ses draps et son université. — *Rotterdam*, port très-commerçant, sur la Meuse ; 72,000 habitants. — *Dordrecht*, très-ancienne,
sur une île qui fut formée par une inondation de la Meuse en 1421.

Dans les autres provinces : *Utrecht*, ville ancienne, sur le Vieux
Rhin ; fabriques de draps et de velours ; traités de 1579 et 1713. —
Arnheim, chef-lieu de la Gueldre, sur le Rhin. *Nimègue*, sur le Whaal ;
traité de 1678. — *Zwolle*, chef-lieu de l'Over-Yssel. — *Leeuwarden*,
chef-lieu de la Frise — *Groningue*, chef-lieu de la prov. du même nom. —
Bois-le-Duc, chef-lieu du Brabant septentrional. — *Maestricht*, ville

très-forte, chef-lieu du Limbourg hollandais, sur la Meuse. — *Luxembourg*, importante forteresse, chef-lieu du Luxembourg hollandais.

XXVIII.

DANEMARK. — 1. QUELS SONT LES PAYS QUI LE COMPOSENT? — ÎLES PRINCIPALES. — 2. POPULATION. — GOUVERNEMENT. — RELIGION. — 3. VILLES PRINCIPALES.

SUÈDE ET NORVÉGE. — 1. LIMITES. — 2. DIVISION. — 3. RIVIÈRES. — MONTAGNES. — 4. POPULATION. — GOUVERNEMENT. — RELIGION. — 5. VILLES PRINCIPALES.

DANEMARK.

§ 1. Pays qui composent le Danemark. — Iles principales.

Le Danemark est composé de deux divisions principales : l'une est le *Danemark propre*, formé de la presqu'île Danoise (comprenant le Jutland, le Slesvig, le Holstein, le Lauenbourg) et de plusieurs îles voisines : cette partie est située au N. de l'Elbe et au S. de la Scandinavie, et entre la mer du Nord et la Baltique. — L'autre est l'*Islande*, avec les îles *Færœr*, situées au N. O. des îles Britanniques, dans la partie la plus septentrionale de l'océan Atlantique.

Les îles principales du Danemark propre forment ce qu'on appelle l'*archipel Danois* : la plupart sont placées entre la Baltique et le Cattégat, bras de mer qui communique avec la mer du Nord par le Skager-Rack ; les plus importantes sont : *Seeland, Fionie, Laaland, Falster* et *Bornholm*. Trois détroits, situés vers ces îles, font communiquer la mer Baltique au Cattégat : le *Sund* est entre l'île de Seeland et la Suède ; le *Grand Belt*, entre Seeland et Fionie ; le *Petit Belt*, entre Fionie et la presqu'île Danoise.

L'*Islande*, la plus grande île du Danemark, est un des pays les plus froids et les plus stériles de l'Europe. Elle est hérissée de montagnes volcaniques, dont la plus célèbre est le mont Hékla, au S.

§ 2. Population. — Gouvernement. — Religion.

Le Danemark a environ 2,000,000 d'habitants ; presque toute la population est concentrée dans le Danemark propre. — Le gouvernement est une monarchie limitée par des *états*. Comme duc de Holstein et de Lauenbourg, pays allemands, le roi est membre de la Confédération Germanique. — Le luthéranisme est la religion dominante.

§ 3. Villes principales.

Copenhague, capitale du royaume, dans l'île de Seeland, sur le Sund ; 120,000 habitants. — *Elseneur*, dans la même île, à l'endroit le plus étroit du Sund. — *Odense*, chef-lieu de l'île de Fionie. — *Aalborg*, port de mer, et la ville la plus considérable du Jutland, sur un golfe nommé *Liimfiord*. — *Slesvig*, chef-lieu du duché du même nom. — *Glückstadt*, chef-lieu du Holstein, sur l'Elbe. — On remarque dans le même duché *Kiel*, avec une université, et *Altona*, la seconde ville du royaume par son commerce et par sa population, qui est de 25,000 habitants.

SUÈDE ET NORVÉGE.

§ 1. Limites.

La Suède et la Norvége forment la *monarchie Suédoise*, qui comprend la grande *péninsule Scandinave*, située dans la partie la plus septentrionale de l'Europe. Cette péninsule tient à la Russie, vers le N. E., par l'isthme de Laponie, et s'avance du N. E. au S. O. entre l'océan Glacial, l'Atlantique, la mer du Nord et la Baltique (qui forme le golfe de Botnie).

§ 2. Division.

La SUÈDE se divise en trois parties : le *Nordland*, au N. ; la *Suède propre*, au milieu, et la *Gothie*, au S. Ces grandes divisions se partagent en vingt-quatre préfectures, qui portent les noms de leurs chefs-lieux. — Le Nordland comprend 4 préfectures, dont deux ont été formées des anciennes provinces de *Botnie septentrionale* et de *Botnie occidentale*, et renferment la *Laponie suédoise*. — La Suède propre contient huit préfectures, dont l'une, celle de *Falun*, a été célèbre autrefois sous le nom de Dalécarlie, et possède d'importantes mines de cuivre et de fer. — La Gothie renferme douze préfectures, dont l'une est formée de l'île de *Gottland*.

La NORVÉCE est divisée en trois parties : le *Sœndenfields* (c'est-à-dire au S. des montagnes), le *Nordenfields* (au N. des montagnes), et le *Nordland* (pays du nord), qui comprend le *Finmark*, et le long duquel sont les îles Lofoden. Ces trois régions se partagent en dix-sept bailliages.

§ 3. Rivières. — Montagnes.

On remarque, dans le nord de la Norvége, la *Tana*, qui se jette dans l'océan Glacial; — dans le S. du même pays, le *Glommen* se jette dans le golfe de Christiania. — En Suède, vers le Cattégat, coule la *Gotha* ou *Gœta*, qui sert d'écoulement au lac *Vener*, le plus grand de la péninsule — Sur le versant de la Baltique et du golfe de Botnie, on trouve le *Dal-elf*, le *Lulea*, le *Tornea*, qui sert de limite vers la Russie. On y remarque aussi un grand nombre de lacs, entre autres le lac *Vetter*, le lac *Mœlar*. — Les *Alpes Scandinaves* ou monts *Dofrines* sont la chaîne principale de la monarchie Suédoise : elles forment sur une grande étendue la limite entre la Suède et la Norvége.

§ 4. Population. — Gouvernement. — Religion.

La monarchie a environ 4,000,000 d'habitants, dont un peu moins de 3,000,000 pour la Suède seule. Le gouvernement est monarchique constitutionnel; quoique réunies sous un même sceptre, la Suède et la Norvége ont leurs lois distinctes et leurs assemblées législatives indépendantes. Le luthéranisme est la religion de l'état; il y a un archevêché à Upsal.

§ 5. Villes principales.

SUÈDE. Dans la Suède propre : STOCKHOLM, capitale de la Suède, sur le détroit qui unit le lac Mælar à la Baltique ; 85,000 habitants. *Upsal*, avec une célèbre université. — Dans la Gothie : *Gœteborg ou Gothembourg*, à l'embouchure de la Gotha ; 27,000 habitants. *Carls- crone*, forteresse importante et port de mer. *Calmar*, sur le détroit du même nom, en face de l'île d'OEland ; fameuse par l'acte d'union des trois couronnes de Suède, de Norvége et de Danemark.

NORVÉGE. — *Christiania*, capitale de ce pays, au fond du golfe de son nom ; elle n'a que 20,000 habitants. — *Bergen* (22,000 habi- tants), ville maritime, la plus considérable de la Norvége. — *Dron- theim*, autre port de mer.

XXIX.

RUSSIE EN GÉNÉRAL. — POSITION. — ÉTENDUE.

RUSSIE D'EUROPE EN PARTICULIER. — 1. LIMITES. — 2. DIVISION. — 3. RIVIÈRES. — MONTAGNES. — 4. POPULATION. — GOUVERNEMENT. — RELIGION. — 5. VILLES PRINCIPALES.

POLOGNE. — 1. LIMITES. — 2. DIVISION. — 5. RIVIÈRLS. — MONTAGNES. — 4. POPULATION. — GOUVERNEMENT. — RELIGION. — 5. VILLES PRIN- CIPALES. — 6. QUELLE ÉTAIT L'ÉTENDUE DE L'ANCIENNE POLOGNE ?

RUSSIE EN GÉNÉRAL.

Position. — Étendue.

Le vaste empire Russe, le plus grand état du globe, se déploie dans le N. de l'hémisphère boréal, et s'étend dans l'E. de l'Europe, le N. et l'O. de l'Asie et le N. O. de l'Amérique septentrionale, depuis 38° 20′ jusqu'à 78° 25′ de latitude N., et depuis 17° de longitude E. jusqu'à 132° de longitude O., ce qui fait une longitude totale de 211°. — La plus grande longueur de cette immense monarchie est d'environ 3,000 lieues, et se trouve vers le 55° parallèle ; sa plus grande largeur est de 700 lieues. La superficie totale s'élève à 1,017,000 lieues carrées, dont 261,000 pour l'Europe, 684,000 pour l'Asie et 72,000 pour l'Amérique. C'est à peu près le 7e de la surface des parties terrestres du globe.

RUSSIE D'EUROPE EN PARTICULIER.

§ 1. Limites.

La Russie d'Europe occupe la partie orientale de l'Europe ; elle est baignée, au N., par l'océan Glacial arctique, qui y forme la mer Blan- che et la mer de Kara ; au N. O., elle tient à la péninsule Scandi- nave ; à l'O., elle est baignée par la mer Baltique, qui, en pénétrant dans ses terres, forme les golfes de Finlande et de Riga ou de Livo- nie ; elle est aussi limitée à l'O. par la Prusse et l'empire d'Autriche ; elle a au S. O. la Turquie d'Europe, vers laquelle sa frontière est marquée par le Pruth et le Danube ; au S., elle est bornée par la mer

Noire, la mer d'Azov et le Caucase; au S. E., par la mer Caspienne; à l'E., par le fleuve Oural, les monts Ourals et la rivière Kara.

§. 2. Division.

La Russie d'Europe, sans le royaume de Pologne, comprend quarante-cinq gouvernements, quatre provinces, une sorte de république militaire (celle des Cosaques du Don), et un grand-duché (la Finlande).

On peut classer toutes ces divisions en neuf régions : région du N. ou de l'océan Glacial ; — région du N. O. ou de la Baltique et des grands lacs; — région de l'O. ou des anciens pays polonais ; — région du S. ou des mers Noire et d'Azov ; — région du S. E. ou de la Caspienne ; — région de l'E. ou des monts Ourals ; — région intérieure du bassin du Volga ; — région intérieure du bassin du Dniepr ; — région intérieure du bassin du Don.

La région de l'océan Glacial renferme deux gouvernements : *Vologda* et *Arkhangel* (dont dépendent les deux grandes îles très-froides de la *Nouvelle-Zemble* et les îles *Vaigatch* et *Kalgouev*).

La région de la Baltique et des lacs Ladoga, Onéga, Ilmen et Peïpous, comprend le grand-duché de *Finlande* et six gouvernements : *Saint-Pétersbourg, Olonetz, Novgorod, Pskov, Esthonie* et *Livonie*.

La région des anciens pays polonais contient les gouvernements de *Courlande, Vitebsk, Mohilev, Minsk, Vilna, Grodno, Volhynie, Kiev* et *Podolie*.

La région des mers Noire et d'Azov comprend la province de *Bessarabie ;* — les gouvernements de *Kherson, Tauride* (renfermant la Crimée) et *Ekatérinoslav ;* — le pays des *Cosaques du Don*.

Dans la région de la Caspienne sont les provinces du *Caucase* et de *Daghestan*, et le gouvernement d'*Astrakhan*.

La région des monts Ourals offre les gouvernements d'*Orenbourg* et de *Perm*.

La région intérieure du bassin du Volga renferme seize gouvernements : *Tver, Iaroslav, Kostroma, Nijnii-Novgorod, Kazan, Simbirsk, Saratov*, traversés par le Volga ; — *Moscou, Kalouga, Orel, Toula, Riazan, Vladimir, Tambov, Penza*, arrosés par des tributaires de la rive droite de ce fleuve ; — *Viatka*, arrosé par des tributaires de la rive gauche.

La région intérieure du bassin du Dniepr comprend quatre gouvernements : *Smolensk, Tchernigov, Koursk, Poltava*. — La région intérieure du Don n'a que deux gouvernements : *Ukraine* ou *Kharkov* et *Voronej*.

Il se trouve, en outre, dans la circonscription de la Russie d'Europe, une contrée qui est cependant à peu près indépendante du gouvernement russe : c'est la *Circassie*, située sur le versant septentrional du Caucase.

§ 3. Rivières. — Montagnes.

La Russie d'Europe est divisée en quatre versants maritimes : ceux de l'océan Glacial, de la Baltique, des mers Noire et d'Azov, de la Caspienne. Sur le versant de l'océan Glacial, coulent la *Petchora*, le *Mézen*, la *Dvina du nord*, l'*Onéga*. — Sur le versant de la Baltique, on remarque : le *Tornea*, la *Néva*, qui sort du lac Ladoga et se rend dans le golfe de Finlande ; la *Dvina du sud* ou *Duna*, le *Niémen*. — Sur le versant des mers Noire et d'Azov, on trouve : le *Danube*, qui se grossit du *Pruth* ; le *Dniestr*, le *Dniepr* (ancien *Borysthène*), qui s'augmente de la *Bérézina*, du *Boug* ; le *Don* (ancien *Tanaïs*), le *Kouban*. — Sur le versant de la mer Caspienne, coule le plus grand fleuve de la Russie d'Europe, le *Volga*, qui parcourt le centre et le S. E. de cette contrée, en se grossissant de l'*Oka*, à droite, de la *Kama*, à gauche ; il a un cours de 600 lieues. L'*Oural* est un autre tributaire de la mer Caspienne. — La Russie d'Europe n'est presque qu'une plaine immense. C'est sur ses frontières seulement qu'on trouve des montagnes considérables : à l'E., les monts *Ourals* ; au S. E., le *Caucase*. — On remarque cependant, dans l'intérieur, les monts *Valdaï*, chaîne de petites montagnes, et, dans le N. O., les monts *Olonetz*, *Maanselka* et *Dofrines*.

§ 4. Population. — Gouvernement. — Religion.

La Russie européenne a environ 51 millions d'habitants. — Le gouvernement est une monarchie absolue ; l'empereur ou *tzar* prend aussi le titre d'*autocrate* de toutes les Russies. — La religion dominante est la religion grecque, une des branches principales du christianisme. L'empereur est le chef suprême de l'Église grecque en Russie ; mais il délègue son autorité à l'assemblée du saint synode, qui siége à Saint-Pétersbourg.

§ 5. Villes principales.

RÉGION DE L'OCÉAN GLACIAL. — *Arkhangel*, centre du commerce maritime du N. de la Russie, sur la Dvina, vers son embouchure dans la mer Blanche.

RÉGION DE LA MER BALTIQUE ET DES GRANDS LACS. — *Helsingfors*, capitale de la Finlande, sur le golfe de ce nom. — *Abo*, à l'extrémité S. O. du grand-duché. — SAINT-PÉTERSBOURG ou PÉTERSBOURG, capitale de la Russie, au fond du golfe de Finlande, sur la Néva ; c'est une des plus magnifiques capitales d'Europe. 450,000 habitants. — *Kronstadt* (40,000 habitants), importante place forte et port de mer, sur une petite île du golfe de Finlande, à l'O. de Saint-Pétersbourg. — *Novgorod*, près et au N. du lac Ilmen ; au moyen âge, siége d'une république puissante. — *Rével*, port de mer, chef-lieu de l'Esthonie. — *Riga* (55,000 habitants), chef-lieu de la Livonie, sur la Duna, près de l'embouchure de ce fleuve.

RÉGION DES ANCIENS PAYS POLONAIS. — *Vilna* (50,000 habitants). — *Kiev*, sur le Dniepr, ville très-ancienne, qui fut la résidence des premiers souverains russes.

RÉGION DES MERS NOIRE ET D'AZOV. — *Bender*, dans la Bessarabie, sur le Dniestr. — *Kherson*, sur le Dniepr, près de son embouchure. — *Odessa*, une des principales villes maritimes de l'Europe, entre les embouchures du Dniestr et du Dniepr. — *Sévastopol*, importante place maritime, sur la côte S. O. de la Crimée. — *Kéfa, Caffa* ou *Féodosie* (ancienne *Théodosie*), sur la côte S. E. de la même presqu'île. — *Taganrog*, port de mer florissant, vers l'extrémité N. E. de la mer d'Azov.

Régions de la mer Caspienne et des monts Ourals. — *Astrakhan* (50,000 habitants), ville fort commerçante, sur une île du Volga, à 10 lieues de la mer. — *Orenbourg*, sur l'Oural.

Région intérieure du bassin du Volga. — *Tver, Iaroslav* et *Nijnii - Novgorod*, sur le Volga. — *Kazan*, près du même fleuve, avec une importante université et 50,000 habitants. — Moscou, ancienne capitale de la Russie, et décorée encore du titre de seconde capitale de l'empire, sur la Moskva : elle a 10 lieues de circuit ; mais la population n'y est que de 250,000 habitants en été, et de 400,000 en hiver. — *Toula*, célèbre par ses manufactures d'armes.

Régions intérieures du Dniepr et du Don. — *Poltava*, illustrée par la victoire de Pierre le Grand sur Charles XII, en 1709. — *Kharkov*, chef-lieu de l'Ukraine, pays très-fertile.

POLOGNE.

§ 1. Limites.

Le royaume de Pologne, soumis à l'empire Russe, est un débris de l'ancienne et puissante monarchie polonaise ; il a pour bornes : au N. E. et à l'E., la Russie proprement dite ; au S. , l'empire d'Autriche et la république de Cracovie ; à l'O. et au N. O., les États Prussiens. Le Niémen, au N. E., le cours supérieur de la Vistule, au S., et le Bug, à l'E. , déterminent une partie de ses limites.

§ 2. Division.

Ce royaume se divise en huit gouvernements : au N. , *Augustowo* et *Plock* ; au milieu, la *Masovie* ; à l'E. , la *Podlachie* et *Lublin* ; à à l'O. , *Kalisch* ; au S. , *Sandomir* et *Cracovie*.

Il ne faut pas confondre ce dernier gouvernement avec la république de *Cracovie*, qui est située entre le royaume de Pologne, la Prusse et l'Autriche, et qui fut établie par le congrès de Vienne, en 1815, sous la protection de la Russie, de l'Autriche et de la Prusse.

§ 3. Rivières. — Montagnes.

Ce pays appartient tout entier au bassin de la Baltique. Le fleuve principal est la *Vistule*, qui parcourt le royaume du S. au N. , en recevant à droite le *Bug* ou *Bog*. — La *Wartha*, tributaire de l'Oder, coule dans l'O. ;—le *Niémen* se trouve au N. E.—Le nom de *Pologne (Polska)* signifie *pays plat* · cette contrée offre presque partout une surface très-unie ; seulement, au S. , on remarque de faibles rameaux des *Carpathes*.

§ 4. Population. — Gouvernement. — Religion.

La population est d'environ 4,000,000 d'habitants. —Ce royaume n'est, en réalité, qu'une vice-royauté, soumise à l'empereur de Rus-
4.

sie.—La grande majorité de la population est catholique romaine ;
Varsovie a un archevêché. Il y a un assez grand nombre de grecs-unis,
qui tiennent à la fois à l'Église grecque et à l'Église romaine. Les Juifs
sont fort nombreux.

§ 5. Villes principales.

VARSOVIE, capitale du royaume, et chef-lieu de la **Masovie**, sur la
Vistule ; 150,000 habitants. — *Lublin. — Kalisch.*

La capitale de la petite république polonaise de *Cracovie* est la ville
du même nom, située sur la Vistule, et autrefois capitale de toute la
Pologne.

§ 6. Étendue de l'ancienne Pologne.

L'ancien royaume de Pologne comprenait, avant le démembrement
qu'il éprouva vers la fin du XVIIIᵉ siècle, une étendue de 37,200 lieues
carrées ; il s'avançait à l'O. jusqu'au cours moyen de l'Oder ; au N. O.,
jusqu'à la Baltique ; au S., jusqu'aux monts Carpathes et au cours
moyen du Dniestr ; à l'E., jusqu'au Dniepr ; au N., jusqu'au cours inférieur de la Dvina. Il comprenait la *Courlande* et la *Lithuanie*, au
N. et au N. E ; la *Volhynie* et l'*Ukraine polonaise*, au S. E. ; la *Russie rouge*, au S. ; la *Petite-Pologne*, au S. O. ; la *Grande-Pologne*, à
l'O. ; la *Prusse polonaise*, au N. O., et la *Masovie*, au centre. En
1772, 1793 et 1795, la Russie, la Prusse et l'Autriche se sont partagé
cette vaste monarchie.

XXX.

PRUSSE. — 1. PAYS QUI FONT PARTIE DE LA CONFÉDÉRATION GER-
MANIQUE. — PAYS QUI EN SONT INDÉPENDANTS. — 2. POSITION. -
LIMITES. — POPULATION. — 3. RIVIÈRES. — 4. GOUVERNEMENT. — RE-
LIGION. — 5. VILLES PRINCIPALES.

§ 1. Pays qui font partie de la Confédération Germanique. — Pays qui en sont indépendants.

Six provinces du royaume de Prusse sont comprises en Allemagne,
et font par conséquent partie de la Confédération ; ce sont : la *Poméranie*, le *Brandebourg*, la *Silésie*, la *Saxe*, à l'E. ; la *Westphalie* et
le *Rhin*, à l'E. On désigne ordinairement ces deux dernières provinces
sous le nom de *grand-duché du Bas-Rhin* ou de *Prusse Rhénane*.

Deux provinces ne sont pas comprises dans la Confédération : ce
sont celles de *Prusse* et de *Posen*. Le roi de Prusse possède aussi la
principauté de Neuchâtel, en Suisse.

§ 2. Position. — Limites. — Population.

La monarchie prussienne est comprise entre 49° 8' et 55° 50' de latitude N., et entre 3° 38' et 20° 33' de longitude E. ; elle se compose
de deux divisions principales, séparées l'une de l'autre par quelques
états allemands : l'une est *orientale*, et l'autre *occidentale*. La première est la plus considérable ; elle est bornée au N. par la mer Balti-

que, au N. E. et à l'E. par la Russie, au S. par l'empire d'Autriche et par divers états allemands. La partie occidentale, qui est le grand-duché du Bas-Rhin, est limitrophe de la France, de la Belgique et de la Hollande. — La population de la Prusse est de 13 à 14 millions d'habitants.

§ 3. Rivières.

Les fleuves qui arrosent la partie orientale sont tributaires ou de la mer du Nord ou de la Baltique. Sur le versant de la mer du Nord, coule l'*Elbe*, qui reçoit la *Mulde*, la *Saale* et le *Havel*, grossi de la *Spree*. — Sur le versant de la Baltique, on remarque : 1° l'*Oder*, qui se grossit de la *Wartha*, et qui se jette dans le Pommersche-Haff, lac qui communique avec la mer ; 2° la *Vistule*, divisée vers son embouchure en trois branches, dont deux vont dans le lac nommé Frische-Haff, et la troisième dans la mer ; 3° la *Pregel*, qui se jette dans le Frische-Haff ; 4° le *Niémen* ou *Memel*, qui tombe dans le Curische-Haff, autre grand lac.

La partie occidentale est toute comprise dans le bassin de la mer du Nord : le principal fleuve est le *Rhin*, qui s'y grossit de la *Moselle*. On y voit aussi le *Weser* et l'*Ems*.

4. Gouvernement. — Religion.

Le gouvernement est une monarchie absolue, excepté dans la principauté de Neuchâtel, où l'autorité du roi est limitée à peu près comme dans un état constitutionnel. — On tolère en Prusse toutes les religions. Les protestants forment environ les deux tiers de la population.

§ 5. Villes principales.

Provinces allemandes de l'est.

POMÉRANIE : *Stettin*, chef-lieu, sur l'Oder ; *Stralsund*, port de mer. — BRANDEBOURG : *Potsdam*, chef-lieu, avec un magnifique château royal ; BERLIN, capitale du royaume, sur la Spree ; avec 250,000 habitants ; *Francfort-sur-l'Oder*, célèbre par ses foires ; *Brandebourg*, sur le Havel. — SILÉSIE : *Breslau*, chef-lieu, sur l'Oder, avec 90,000 habitants. — SAXE : *Magdebourg*, chef-lieu, place forte, de 50,000 habitants, sur l'Elbe ; *Halle*, connue par son université ; *Erfurt*, avec d'imposantes fortifications.

Provinces allemandes de l'ouest.

WESTPHALIE : *Münster*, chef-lieu ; *Minden*, sur le Weser. — RHIN : *Cologne*, chef-lieu (70,000 habitants), sur le Rhin ; *Clèves* ; *Düsseldorf*, sur le Rhin ; *Elberfeld*, ville industrieuse ; *Bonn*, avec une université ; *Zülpich* (autrefois *Tolbiac*) ; *Aix-la-Chapelle* (40,000 habitants), qui fut le siége de l'empire de Charlemagne ; *Coblentz*, ville forte, au confluent de la Moselle et du Rhin ; *Trèves*, ville très-ancienne.

Provinces non allemandes.

PROVINCE DE PRUSSE. — *Kœnigsberg*, chef-lieu, ville fort grande, mais peuplée seulement de 65,000 habitants, sur la Pregel : importante université ; *Memel,* place forte et port florissant, à l'extrémité septentrionale du Curische-Haff, sur le canal qui unit ce lac à la Baltique ; *Tilsit,* sur le Niémen : paix de 1807 ; *Dantzick,* importante ville maritime (60,000 habitants) ; *Elbing,* près du Frische-Haff ; *Thorn,* patrie de Copernic, sur la Vistule. — Posen : *Posen,* chef-lieu, sur la Wartha ; 30,000 habitants.

XXXI.

EMPIRE D'AUTRICHE. — 1. PAYS QUI FONT PARTIE DE LA CONFÉDÉRATION GERMANIQUE. — PAYS QUI EN SONT INDÉPENDANTS. — 2. POSITION. — LIMITES. — POPULATION. — 3. RIVIÈRES. — MONTAGNES. — 4. GOUVERNEMENT. — RELIGION. — 5. VILLES PRINCIPALES.

§ 1. Pays qui font partie de la Confédération Germanique. — Pays qui en sont indépendants.

L'empire d'Autriche a, vers l'O., six pays renfermés dans la Confédération Germanique : la *Bohême,* la *Moravie,* l'*archiduché d'Autriche,* la *Styrie,* l'*Illyrie* et le *Tyrol.* — Les pays qui ne dépendent pas de la Confédération sont : la *Galicie,* le royaume de *Hongrie* (comprenant la Hongrie propre, l'Esclavonie civile, la Croatie civile et le Littoral hongrois), la *Transylvanie,* les *Confins militaires* (comprenant l'Esclavonie militaire, la Croatie militaire et le Banat militaire), la *Dalmatie,* et le royaume *Lombard-Vénitien,* qui se trouve en Italie.

§ 2. — Position. — Limites. — Population.

L'empire d'Autriche est compris entre 42° 10' et 51° de latitude N., et entre 6° 14' et 24° 10' de long. E. — Il est borné au N. par le royaume de Saxe, la Prusse et la Pologne ; à l'E. par la Russie ; au S. par la Turquie d'Europe, l'Adriatique et quelques états italiens ; à l'O. par les États-Sardes, la Suisse et le royaume de Bavière. Les Carpathes, le Danube, la Save, le Pô, au S. ; le Tésin, le lac Majeur, le Rhin, le lac de Constance, l'Inn, les montagnes de la Forêt de Bohème, à l'O. ; l'Erzgebirge, les montagnes des Géants, la Vistule, au N., forment les principales limites naturelles de cette monarchie. — La population est d'environ 35,000,000 d'habitants.

§ 3. Rivières. — Montagnes.

Les fleuves qui parcourent l'Autriche appartiennent à quatre versants : ceux de la mer du Nord, de la Baltique, de la mer Noire et de l'Adriatique. C'est sur le versant de la mer Noire que se trouve la plus grande partie de la monarchie.

Dans le bassin de la mer du Nord, coulent l'*Elbe,* qui parcourt la Bohème, où il reçoit la *Moldau ;* et le *Rhin,* qui trace quelque temps la limite occidentale de l'empire. — Sur le versant de la Baltique, on remarque l'*Oder* et la *Vistule.* — Sur le versant de la mer Noire, coule le *Danube,* qui parcourt le cœur de l'empire, et dont les affluents principaux sont, à droite, l'*Inn,* l'*Ens,* le *Raab,* la *Drave,* la *Save,* et, à gauche, la *Morava* ou *March*, le *Vag*, la *Theiss*; le lac *Balaton* verse aussi ses eaux dans ce fleuve. Le *Dniester* ou *Dniestr*, dans l'E. de l'empire, est un autre tributaire de la mer Noire. — Enfin, le bassin de la mer Adriatique comprend l'*Adige* et le *Pô*, dans le S. O.

L'Empire d'Autriche renferme deux grands systèmes de montagnes : l'un s'étend à l'E. et au N., et comprend les *Carpathes*, les monts *Su-dètes* et les montagnes qui enveloppent le plateau de la Bohème, c'est-à-dire les monts *Moraves*, les montagnes de *la Forêt de Bohème*, l'*Erz-gebirge* et les montagnes des *Géants*. L'autre, au S. O., est formé par les *Alpes Rhétiques*, *Noriques*, *Carniques*, *Juliennes* et *Dinariques*.

§ 4. Gouvernement. — Religion.

Le gouvernement est monarchique ; l'autorité de l'empereur est absolue, si ce n'est en Hongrie et en Transylvanie, où il y a des *états*, c'est-à-dire des assemblées qui partagent avec le souverain le pouvoir législatif. — La religion catholique est dominante, mais les autres sont tolérées. Les religions protestante et grecque comptent de nombreux sectateurs.

§ 5. Villes principales.

Pays allemands.

BOHÈME : *Prague*, capitale, ville forte, sur la Moldau, avec une université célèbre et 130,000 habitants ; *Tœplitz*, *Carlsbad* et *Sedlitz*, avec des bains d'eaux minérales très-fréquentés — MORAVIE : *Brünn*, capitale, place forte (40,000 habitants); *Auster-litz*, célèbre par une victoire des Français en 1805 ; *Olmütz*, ville forte, sur la March. — ARCHIDUCHÉ D'AUTRICHE : VIENNE, capitale de l'archiduché et de l'empire, sur le Danube (550,000 habitants); *Linz*, place forte, sur le Danube ; *Salzbourg*, dans un pays riche en minéraux — STYRIE : *Grœtz*, capitale, avec d'importantes manufactures d'acier et de coton ; 40,000 habitants. — ILLYRIE (divisée en deux gouvernements, *Laybach* et *Trieste*); deux capitales : *Laybach*, ville peu considérable, et *Trieste*; principal port de mer de l'empire, au fond du golfe du même nom ; 50,000 habitants.—TYROL : *Inspruck*, capitale, sur l'Inn ; *Trente*, célèbre par le grand concile qui s'y tint au XVIe siècle.

Pays hors de l'Allemagne.

GALICIE : Lemberg, capitale, grande et belle ville de 70,000 habitants; *Brody*, peuplée presque entièrement d'Israélites; *Bochnia* et *Wieliczka*, petites villes fameuses par leurs mines de sel gemme. — HONGRIE PROPRE : *Bude* ou *Ofen*, capitale, sur le Danube ;— *Pesth*, belle ville de 70,000 habitants, sur le Danube, en face de Bude ; *Presbourg*, sur le Danube, ancienne capitale de la Hongrie ; *Erlau* ou *Eger* et *Tokay*, connues par leurs vins; *Debretzin* (45,000 habitants); *Szegedin*, sur la Theiss (32,000 habitants); *Temesvar*, forteresse fameuse.—ESCLAVONIE CIVILE : *Eszek*, capitale, ville forte, sur la Drave. — CROATIE CIVILE : *Agram*, capitale. — TRANSYLVANIE : *Klausenbourg* ou *Kolosvar*, capitale; *Kronstadt*, près de la froutière de la Turquie ; *Hermanstadt*, *Carlsbourg* ou *Albe-Julie*, avec des mines d'or. — CONFINS MILITAIRES : *Peterwardein*, place forte, sur le Danube ; *Semlin*, ville très-forte, sur le même fleuve, vers le confluent de la Save. — DALMATIE : *Zara*, capitale ; *Spalatro* ou *Spalato*, près de l'emplacement de *Salone*, illustrée par le séjour de Dioclétien ; *Raguse*, ancienne république puissante. Sur la côte de la Dalmatie, on rencontre un grand nombre d'îles dont les principales sont : Grossa, Brazza, Lesina, etc. — ROYAUME LOMBARD-VÉNITIEN : *Milan*, *Venise*, etc. (voir le n° 34, *Italie septentrionale*).

XXXII.

CONFÉDÉRATION GERMANIQUE. — 1. ÉTATS QUI LA COMPOSENT, ROYAUMES, GRANDS-DUCHÉS, ÉTATS INFÉRIEURS, VILLES LIBRES. — 2. LIMITES, POPULATION GÉNÉRALE. — 3. GOUVERNEMENT. — DIÈTE. — 4. VILLES PRINCIPALES. — 5. DIVISION DE L'ALLEMAGNE PAR CERCLES, COMPARÉE AVEC LA DIVISION MODERNE DES ÉTATS GERMANIQUES.

§ 1. États qui composent la Confédération.

La Confédération Germanique, ou l'Allemagne, est une agglomération d'états diversement gouvernés. Quarante états se partagent l'Allemagne, et entrent dans cette Confédération ; mais quatre d'entre eux n'ont en Allemagne qu'une partie de leurs domaines, et possèdent aussi, hors de cette contrée, des territoires considérables : ce sont la *Prusse*, l'*Autriche*, le *Danemark* et la *Hollande*, dont nous avons déjà nommé les possessions allemandes. — Les trente-six autres états qui entrent dans la Confédération sont entièrement situés sur le territoire allemand. On y trouve :

Quatre royaumes : le *Hanovre*, au N. ; le royaume de *Saxe*, au milieu ; la *Bavière* et le *Würtemberg*, au S. ;

Six grands-duchés : ceux de *Mecklenbourg-Schwerin*, de *Mecklenbourg-Strelitz*, d'*Oldenbourg*, au N. ; de *Saxe-Weimar*, de *Hesse-Darmstadt*, au milieu ; et de *Bade*, au S. ;

Huit duchés : celui de *Brunswick*, au N. ; les trois duchés d'*Anhalt*, enclavés dans la Prusse, aussi dans le N. ; les duchés de *Saxe-Cobourg-Gotha*, *Saxe-Meiningen* et *Saxe-Altenbourg*, et le duché de *Nassau*, au milieu ;

Un électorat : la *Hesse Électorale* ;

Quatre villes libres : *Hambourg*, *Brême*, *Lübeck*, au N. ; et *Francfort-sur-le-Main*, au milieu ;

Treize principautés ou autres petits états : les principautés de *Lippe*, de *Waldeck*, de *Reuss*, etc.

§ 2. Limites. — Population générale.

L'Allemagne s'étend dans le milieu de l'Europe, à l'E. de la Hollande, de la Belgique et de la France, dont le Rhin la sépare en grande partie, et au N. de la Suisse, de l'Italie et de la mer Adriatique ; elle est baignée vers le septentrion par la mer Baltique et par la mer du

Nord, qu'on appelle aussi mer d'Allemagne. — Elle a une population de 36,000,000 d'âmes.

§ 2. Gouvernement. — Diète.

Les **quarante** états qui se partagent la possession de l'Allemagne **sont confédérés**; mais ils sont d'ailleurs indépendants les uns des autres, et chacun a ses lois et son gouvernement particuliers. La plupart des états allemands sont des monarchies constitutionnelles : dans ce cas se trouvent la Bavière, le Würtemberg, le grand-duché de Bade, la Hesse-Darmstadt, etc. Quelques-uns ont un gouvernement absolu : comme la Prusse, l'Autriche, le grand-duché d'Oldenbourg, la Hesse-Électorale. Les trois villes libres du N. sont des républiques démocratiques; celle de Francfort offre un mélange d'aristocratie et de démocratie. — Les affaires d'une haute importance qui intéressent la Confédération sont réglées par une *diète générale* de 70 membres; les affaires ordinaires le sont par une *diète particulière* ou *permanente* de 17 membres. Les diètes siégent à Francfort-sur-le-Main.

§ 4. Villes principales.

Les principales villes des états de la Confédération autres que la Prusse, l'Autriche, le Danemark et la Hollande, c'est-à-dire des trente-six états entièrement allemands, sont :

Dans le N., *Schwerin*, capitale du grand-duché de Mecklenbourg-Schwerin; — *Hanovre* (28,000 habitants), capitale du royaume du même nom, où l'on trouve aussi *Hildesheim*, *Lunebourg*, *Emden*, à l'embouchure de l'Ems; *Osnabrück*, célèbre par le traité de 1648; *Gœttingue*, par son université; — *Brunswick* (38,000 habitants), capitale du duché du même nom; — *Hambourg*, ville libre (130,000 habitants), avec un port célèbre, sur l'Elbe; *Brême*, autre ville libre, sur le Weser (40,000 habitants); *Lübeck*, la moins considérable des villes libres d'Allemagne, sur la Trave, à peu de distance de la Baltique. Ces trois républiques conservent le titre de villes *Hanséatiques*, c'est-à-dire *alliées pour le commerce*.

Dans le milieu : *Dresde* (70,000 habitants), belle et grande ville, capitale du royaume de Saxe, sur l'Elbe; *Leipsick* ou *Leipzig* (40,000 habitants), seconde ville de ce royaume, célèbre par son université, ses foires et son commerce de livres; — *Weimar*, capitale du grand-duché de Saxe-Weimar, ville peu considérable, mais fameuse par la culture des sciences et des lettres; *Iéna*, dans le même grand-duché, connue par son université et par une victoire des Français en 1806; — *Gotha*, jolie ville, intéressante par ses établissements scientifiques, capitale du duché de Saxe-Cobourg-Gotha; —*Cassel*, belle ville, capitale de la Hesse-Électorale, où l'on remarque aussi *Smalcalde*, fameuse par ses salines, sa quincaillerie, et la ligue qu'y formèrent les princes protestants pour résister à Charles-Quint; *Fulde*, sur la rivière du même nom; *Hanau*, sur le Main; *Darmstadt*, capitale de la Hesse-Darmstadt; *Mayence* (30,000 habitants), place forte du même grand-duché, au confluent du Main et du Rhin; — *Francfort-sur-le-Main*, ville libre (50,000 habitants), siége de la diète de la Confédération Germanique; foires célèbres.

Dans le S. : *Carlsruhe*, fort belle ville, capitale du grand-duché de Bade, où l'on remarque aussi *Manheim*, au confluent du Necker et du Rhin; *Heidelberg*, avec une fameuse université, sur le Necker; *Rastadt*, célèbre par les conférences de 1714 et 1798; *Bade* ou *Baden*, par ses eaux minérales; *Fribourg-en-Brisgau*, par son université; *Constance*, par son concile au xve siècle;—*Stuttgart* (32,000 habitants), capitale du royaume de Würtemberg, près du Necker; *Louisbourg*, autre résidence royale du même pays, sur le Necker; — *Munich*, sur l'Isar, belle ville de 100,000 habitants, capitale de la Bavière, où l'on remarque aussi : *Augsbourg*, très-commerçante (35,000 habitants); *Ratisbonne*, sur le Danube; *Passau*, au confluent de l'Inn et du Danube; *Anspach*; *Nuremberg* (38,000 habitants), intéressante par son grand commerce, par ses nombreuses fabriques d'instruments de musique et de mathématiques, de lunettes, de jouets d'enfants, et par l'invention des montres, des pendules, des fusils à vent, etc.; *Fürth*, autre ville industrieuse, avec une université juive; *Bamberg*, sur la Regnitz, affluent du Main; *Bayreuth* et *Würzbourg*, sur le Main; *Spire*, près du Rhin; *Deux-Ponts*, ancienne capitale d'un important duché du même nom. Ces deux dernières villes sont dans la partie de la Bavière qu'on nomme *Bavière Rhénane* ou cercle du *Rhin*.

§ 5. Division de l'Allemagne par cercles.

Lorsque l'Allemagne était un empire, elle était, depuis la fin du xve siècle, divisée en dix cercles; il y avait au N. trois cercles : 1° cercle de la *Haute-Saxe* (aujourd'hui provinces de Poméranie et de Brandebourg, royaume et duché de Saxe); 2° cercle de *Basse-Saxe* (province prussienne de Saxe, partie orientale du roy. de Hanovre, Mecklenbourg, Holstein, Hambourg, Brême, Lübeck); 3° cercle de *Westphalie* (partie occid. du Hanovre, Oldenbourg, une grande partie de la Prusse Rhénane);—à l'O., le cercle de *Bourgogne* (à peu près la Belgique actuelle); — au milieu, trois cercles : 1° cercle du *Haut-Rhin* (Hesse, Francfort, Bavière Rhénane); 2° cercle du *Bas-Rhin* (partie de la Prusse Rhénane, de la Bavière Rhénane, de la Hesse, N. du grand-duché de Bade); 3° cercle de *Franconie* (N. de la Bavière);—au S., trois cercles : 1° cercle de *Souabe* (la plus grande partie du grand-duché de Bade, roy. de Würtemberg, O. de la Bavière); 2° cercle de *Bavière* (S. de la Bavière actuelle); 3° cercle d'*Autriche* (archiduché d'Autriche, Styrie, Tyrol, la plus grande partie du roy. d'Illyrie).

La Bohème, la Moravie, la Silésie et la Lusace (pays qui est aujourd'hui partagé entre la Prusse et le royaume de Saxe) n'étaient pas comprises dans les dix cercles allemands, quoiqu'elles fissent partie de l'Allemagne.

XXXIII.

CONFÉDÉRATION SUISSE. — 1. LIMITES. — 2. DIVISION. — 3. RIVIÈRES. — LACS. — 4. MONTAGNES. — GLACIERS. — 5. POPULATION. — GOUVERNEMENT. — 6. VILLES PRINCIPALES.

§ 1. Limites.

La Suisse est placée presque au centre de l'Europe, entre la France, à l'O., l'Allemagne, au N. et à l'E., et l'Italie, au S. Le Jura et le Doubs la séparent de la France ; le Rhin et le lac de Constance la limitent vers l'Allemagne ; les Alpes, le lac de Genève, le lac Majeur et celui de Lugano forment la frontière du côté de l'Italie.

§ 2. Division.

La Suisse est composée de vingt-deux cantons confédérés, qu'on peut classer en trois divisions, d'après les langues qu'on y parle : 1° cantons du N., du N. E. et du centre, où l'on parle presque exclusivement allemand. Six de ces cantons sont baignés par le Rhin : *Bâle, Argovie, Zürich, Shaffhouse, Thurgovie* et *Saint-Gall ;* — huit ne sont pas arrosés par ce fleuve, mais appartiennent à son bassin : *Appenzell, Glaris, Schwitz, Uri, Unterwalden, Zug, Lucerne* et *Soleure.*

2° Cantons de l'O. et du S. O., où la langue française est répandue : trois de ces cantons, *Berne*, le *Vallais* et *Fribourg,* parlent le français et l'allemand ; — trois ne parlent que le français : ce sont ceux de *Neuchâtel,* de *Vaud* et de *Genève.*

3° Les deux cantons de l'E. et du S. E., où sont parlés l'italien et le roman (dialecte dérivé du latin) : ce sont les *Grisons* (où l'on parle aussi allemand) et le *Tésin.*

§ 3. Rivières. — Lacs.

La Suisse est répartie entre les bassins de quatre mers : la mer du Nord, la Méditerranée proprement dite, l'Adriatique et la mer Noire. — Elle envoie à la première le *Rhin,* qui a ses trois sources au mont Adula, coule d'abord vers le N. E., forme le grand lac de *Constance,* et tourne ensuite à l'O. jusqu'à la frontière de la France. Son affluent principal, en Suisse, est l'*Aar,* qui parcourt, du S. au N., toute la contrée, forme les lacs de *Brienz* et de *Thun ;* cette rivière reçoit, à droite, deux affluents remarquables : l'un est la *Reuss,* qui produit le grand lac de *Lucerne,* ou des *Quatre-Cantons,* et a pour tributaire le petit lac de *Zug ;* l'autre est la *Limmat,* qui sert d'écoulement aux lacs de *Zürich* et de *Wallenstadt.* Par sa rive gauche, l'Aar reçoit la *Thièle,* qui lui apporte les eaux des lacs de *Bienne,* de *Neuchâtel* et de *Morat.* — Sur le versant de la Méditerranée, se trouve le *Rhône,* qui a sa source dans les Alpes, et qui forme le lac *Léman* ou de *Genève.* Le *Doubs* appartient aussi à ce versant. — Au bassin de l'Adriatique appartient le *Tésin* ou *Tessin,* qui tombe dans le lac *Majeur,* d'où il sort en Italie pour aller se jeter dans le Pô. — Sur le versant de la mer Noire on remarque l'*Inn,* affluent du Danube.

§ 4. Montagnes. — Glaciers.

Le S., l'E. et une assez grande portion du milieu de la Suisse sont hérissés de hautes montagnes, dont un grand nombre sont couvertes de neiges perpétuelles ; dans plusieurs parties, et surtout dans le haut de leurs vallées, elles offrent d'énormes amas de glaces éternelles nommés *glaciers*. Ces montagnes sont les Alpes et leurs ramifications.

On distingue en Suisse ou sur ses limites cinq divisions principales des Alpes : les *Alpes Pennines*, les *Alpes Léponliennes*, les *Alpes Rhétiques*, les *Alpes des Grisons* et les *Alpes Bernoises* : le mont *Rosa* en est le point le plus élevé. On remarque aussi le *Grand Saint-Bernard*, célèbre par son hospice, et par le passage de l'armée française en 1800 ; le *Simplon*, où les Français ont ouvert, en 1801, une route magnifique ; le mont *Saint-Gothard*, que l'on comprend quelquefois, avec toutes les montagnes situées à l'E. jusqu'au Bernardino, sous le nom de mont *Adula* ; le pic de la *Vierge* ou de la *Jungfrau*, etc. ; parmi les glaciers des Alpes, on remarque ceux de *Grindelwald*, dans les Alpes Bernoises, et ceux du *Rhône*, à la source de ce fleuve.

§ 5. Population. — Gouvernement.

On compte dans la Suisse 2,000,000 d'habitants, dont environ 800,000 catholiques et 1,200,000 protestants de la réforme de Calvin et de Zwingle. — Les vingt-deux cantons de la Confédération Suisse forment vint-cinq états ou républiques, parce qu'Unterwalden, Appenzell et Bâle sont divisés, chacun, en deux républiques distinctes. Ces états sont indépendants les uns des autres pour leurs affaires particulières : la plupart ont un gouvernement purement démocratique ; quelques-uns cependant sont des républiques aristocratiques ; le canton de Neuchâtel, avec le titre de principauté, appartient à la Prusse, et offre une espèce de monarchie limitée. Une diète, composée de 22 députés, s'assemble tous les ans dans un des trois cantons-directeurs de Zürich, de Berne et de Lucerne, pour régler les affaires importantes de la Confédération.

§ 6. Villes principales.

DANS LES CANTONS ALLEMANDS : *Bâle*, ville très-commerçante, chef-lieu de la république de *Bâle-ville* (1) sur le Rhin, aux confins de la Suisse, de l'Allemagne et de la France. — *Aarau*, chef-lieu du canton d'Argovie, sur l'Aar. — *Zürich*, l'une des trois villes où siége la diète, agréablement située à l'endroit où la Limmat sort du lac de Zürich. — *Schaffhouse*, sur le Rhin, près de la belle cataracte que forme ce fleuve. — *Saint-Gall*, à peu de distance du bord méridional du lac de Constance.

DANS LES CANTONS FRANÇAIS ET ALLEMANDS-FRANÇAIS : *Berne*, la plus considérable des villes où siége la diète, sur l'Aar ; 21,000 habitants. — *Sion*, chef-lieu du Vallais, sur le Rhône. — *Fribourg*, dans un site

---

(1) La république de *Bâle-campagne* forme le reste du canton de Bâle.

très-pittoresque, sur la Sarine, affluent de l'Aar ; dans le même canton se trouvent : *Morat*, célèbre par la défaite de Charles le Téméraire, en 1476, et *Gruyères*, connu par ses fromages. — *Neuchâtel*, sur le bord occidental du lac du même nom. — *Lausanne*, chef-lieu du canton de Vaud, près du bord septentrional du lac de Genève ; 15,000 habitants. — *Genève*, la plus industrieuse et la plus riche des villes de la Suisse, sur le Rhône, à sa sortie du lac de Genève. Grand commerce d'horlogerie et de bijouterie ; culture brillante des lettres et des sciences ; 27,000 habitants.

DANS LES CANTONS OU L'ON PARLE L'ITALIEN ET LE ROMAN : *Coire*, chef-lieu du canton des Grisons, près du Rhin. — *Bellinzone*, *Locarno* et *Lugano*, chefs-lieux du canton du Tésin.

XXXIV.

ITALIE EN GÉNÉRAL. — 1. POSITION. — LIMITES. — 2. RIVIÈRES. — 3. MONTAGNES. — VOLCANS. — 4. ILES. — 5. POPULATION. — VILLES PRINCIPALES.

ITALIE SEPTENTRIONALE. — ÉTATS QU'ELLE RENFERME. — LEURS LIMITES. — LEUR POPULATION. — GOUVERNEMENT. — RELIGION. — VILLES PRINCIPALES. — ILES.

ITALIE EN GÉNÉRAL.

§ 1. Position. — Limites.

L'Italie, située dans la partie méridionale de l'Europe, est comprise entre 37° 50' et 46° 40' de latitude N., et entre 3° 14' et 16° 5' de longitude E. C'est une grande presqu'île qui s'allonge du N.O. au S. E., entre la Méditerranée proprement dite et la mer Tyrrhénienne, à l'O., la mer Ionienne, au S.E., et le canal d'Otrante et la mer Adriatique, à l'E. ; elle tient, vers le N.O., à la France, et, vers le N., à la Suisse et à l'Allemagne ; elle est en grande partie séparée de ces trois contrées par les Alpes. Cette presqu'île a grossièrement la forme d'une botte ; entre le bout du pied de cette espèce de botte et le talon, s'ouvre le grand golfe de *Tarente*. Sur la côte orientale de la péninsule, on remarque le vaste promontoire du mont *Gargano*. L'Adriatique forme, vers son extrémité N. O., le golfe de *Venise*, dont on étend quelquefois le nom à toute cette mer. Du côté opposé de l'Italie, la Méditerranée proprement dite forme le golfe de *Gênes*. Sur la mer Tyrrhénienne, se présentent les golfes de *Salerne* et de *Naples*.

§ 2. Rivières.

L'Italie est divisée en deux grands versants : celui de l'E. incliné vers la mer Adriatique et la mer Ionienne, et celui de l'O. incliné vers la mer Tyrrhénienne et la Méditerranée propre. C'est sur le versant oriental que coule le plus grand fleuve d'Italie, le *Pô*, qui se jette dans l'Adriatique par plusieurs branches ; il reçoit à droite le *Tanaro*, la *Trebbia* (Trébie), à gauche la *Doire Ripaire*, la *Doire Baltée*, le *Tésin* ou *Ticino*, qui forme le lac *Majeur* ; l'*Adda*, qui forme le lac de *Côme* ; l'*Oglio*, le *Mincio*, qui sort du lac de *Garde*. — On remarque encore sur le versant oriental l'*Adige*, la *Brenta*, la *Piave*, le *Tagliamento*, qui ont leurs embouchures au N. de celles du Pô, et vers les *Lagunes de Venise* ; — le *Reno*, dont le cours inférieur traverse les *Lagunes de Comacchio* ; le *Fiumesino*, fort petit, mais fameux autrefois sous le nom de *Rubicon* ; le *Metauro*, la *Pescara* ou *Aterno*, et l'*Ofanto*.

Sur le versant occidental, le fleuve principal est le *Tibre*, qui se jette dans la mer Tyrrhénienne ; il a pour affluents, à gauche, le *Teverone* (*Anio*), et à droite la *Chiana*, qui verse aussi ses eaux dans l'*Arno*, fleuve tributaire de la Méditerranée propre. On trouve sur le même versant le *Garigliano* et le *Voltorno* (ancien *Vulturne*).

Outre les grands et beaux lacs qui s'écoulent dans le Pô, on remarque en Italie le lac de *Pérouse* (*Trasimène*) et le lac de *Bolsena*, situés un peu à la droite du Tibre, et le lac *Fucino* ou *Celano*, au milieu d'un plateau des Apennins.

§ 3. Montagnes. — Volcans.

Les *Alpes* et les *Apennins* sont les principales montagnes de l'Italie, et ne forment ensemble qu'une seule chaîne, qui parcourt toute cette contrée depuis sa frontière septentrionale jusqu'à son extrémité méridionale. On considère le mont *Cassino*, au N. O. du golfe de Gênes comme le point qui sépare les Alpes des Apennins ; de là, jusque près du mont Saint-Gothard, les Alpes sont ou dans l'Italie ou sur la frontière, du côté de la France et de la Suisse ; elles décrivent dans cet espace un arc immense, courbé à l'O., et elles s'y appellent *Alpes Lepontiennes* (au N. du mont Rosa), *Alpes Pennines* (du mont Rosa au mont Blanc), *Alpes Grecques* ou *Graïes* (du mont Blanc au mont Cenis), *Alpes Cottiennes* (du mont Cenis au mont Viso), et *Alpes Maritimes* (du mont Viso au mont Cassino). Le point culminant des Alpes est le mont Blanc, haut de 4,767 mètres ; le mont Rosa n'a que quelques mètres de moins.

C'est sur le sol italien que se trouvent les deux plus fameux volcans de l'Europe : l'un est le mont *Vésuve*, sur la côte occident. de la presqu'île, près du golfe de Naples. — L'autre est l'*Etna*, sur la côte orientale de la Sicile.

§ 4. Iles.

Trois grandes îles avoisinent l'Italie : la *Sicile*, la *Sardaigne*, qui appartiennent à des royaumes italiens, et la *Corse*, qui dépend de la France. Les autres principales îles italiennes sont l'île d'*Elbe*, les îles d'*Éole* ou de *Lipari*, *Malte*, qui appartient à l'Angleterre.

§ 5. Population. — Villes principales.

La population de l'Italie, en y comprenant ses îles (mais non la Corse), s'élève à 21,000,000 d'hab.

Les villes les plus importantes de l'Italie sont : *Turin*, *Gênes*, dans les États-Sardes ; *Milan*, *Venise*, dans le royaume Lombard-Vénitien ; *Parme*, *Modène*, *Lucques*, capitales des duchés de mêmes noms ; *Florence*, *Livourne*, dans le grand-duché de Toscane ; *Rome*, *Bolo-*

igne, dans les États de l'Église ; *Naples*, *Palerme*, *Messine*, dans les *Deux-Siciles*.

ITALIE SEPTENTRIONALE.

États qu'elle renferme ; leurs limites, etc.

On peut comprendre sous le nom d'*Italie septentrionale* les états dont la partie principale est dans le bassin du Pô, c'est-à-dire les *États-Sardes*, le royaume *Lombard-Vénitien*, les duchés de *Parme* et de *Modène* ; il faut y ajouter la petite principauté de *Monaco*, enclavée dans les États-Sardes.

ÉTATS-SARDES OU ROYAUME DE SARDAIGNE. — Ce royaume est composé d'un territoire sur le continent et de l'île de Sardaigne. —La partie continentale est renfermée entre la France, la Suisse, le golfe de Gênes et le Tésin. Elle comprend quatre contrées : 1° le *Piémont*, traversé par le Pô de l'O. à l'E., et enveloppé par la chaîne des Alpes et des Apennins, au N., à l'O. et au S. ; il se compose de cinq divisions, qui portent les noms de leurs chefs-lieux : ce sont les divisions d'*Aoste*, au N. O.; de *Novare*, au N. E; de *Turin*, à l'O.; d'*Alexandrie*, à l'E., et de *Coni*, au S. Les plus grandes villes de ce fertile pays sont : TURIN, capitale du royaume, au confluent de la Doire Ripaire et du Pô, avec 120,000 hab. ; *Alexandrie de la Paille*, ville très-forte, de 35,000 hab., et dans le voisinage de laquelle est le célèbre village de *Marengo*; *Asti* ; *Coni* ou *Cunéo*; *Mondovi*, fameuse par une victoire des Français, en 1796. — 2° La *Savoie*, placée à l'O. des Alpes et dépendante physiquement de la France plutôt que de l'Italie ; chef-lieu, *Chambéry*. —3° La division de *Nice*, placée entre les Alpes, la mer et la France ; chef-lieu, *Nice* (26,000 h.), qui jouit d'un très-beau climat. — 4° La division de *Gênes*, qui s'étend autour du golfe du même nom ; chef-lieu, *Gênes* (80,000 h), surnommée la *Superbe*, sur le golfe du même nom.

L'île de Sardaigne, située au S. de la Corse, dont elle est séparée par les Bouches de Bonifacio, a pour capitale *Cagliari* (27,000 habitants), sur un golfe du même nom, au S. ; *Sassari*, dans le N., en est la seconde ville.

Le royaume de Sardaigne renferme 4,500,000 habitants. — Le gouvernement est une monarchie absolue. La religion catholique domine ; il y a dans les Alpes un certain nombre d'habitants de la secte des *vaudois*.

La petite principauté de MONACO, enclavée dans la division de Nice, et placée sous la protection du roi de Sardaigne, a pour capitale *Monaco*, très-petite ville.

ROYAUME LOMBARD-VÉNITIEN. — Ce royaume, qui appartient à l'Autriche, s'étend de l'O. à l'E., depuis le Tésin et le lac Majeur jusqu'à la mer Adriatique ; les Alpes le couvrent de leurs rameaux au N., et le Pô le borde au S. —Il se divise en deux gouvernements : celui de *Milan* ou de *Lombardie*, à l'O., et celui de *Venise*, à l'E.

Le gouvernement de Milan renferme sept provinces, qui portent généralement les noms de leurs chefs-lieux. Les villes principales sont : MILAN, capitale du royaume, grande et belle ville, de 150,000 habitants; *Côme*, à l'extrémité S. O. du lac du même nom; *Bergame* (32,000 habitants); *Pavie*, sur le Tésin, ville fort ancienne, fameuse par son université et par la bataille de 1525; *Lodi*, sur l'Adda : victoire des Français en 1796; *Crémone*, sur le Pô; *Brescia* (30,000 habitants), ville très-forte, renommée par ses fabriques d'armes à feu, et *Mantoue*, place forte presque imprenable, dans un lac formé par le Mincio.

Le gouvernement de Venise renferme huit provinces, dont les chefs-lieux portent les mêmes noms : *Venise*, chef-lieu du gouvernement, est au milieu des lagunes, vers l'embouchure de la Brenta; quoique bien déchue, cette ville a encore plus de 100,000 habitants. Les autres villes remarquables du gouvernement sont : *Chioggia*, port de mer; *Padoue* (50,000 habitants), avec une fameuse université; *Vicence* (30,000 habitants); *Vérone* (50,000), sur l'Adige.

Le royaume Lombard-Vénitien est une des plus importantes possessions autrichiennes : il renferme 4,500,000 habitants. — Religion catholique.

DUCHÉ DE PARME. —Ce duché, formé des anciens duchés de *Parme*, de *Plaisance* et de *Guastalla*, est à peu près renfermé entre le Pô et les Apennins et se trouve au S. du royaume Lombard-Vénitien et à l'E. des États-Sardes. La capitale est PARME, belle ville de 35,000 h. Autres villes remarquables : *Plaisance*, *Guastalla*, places fortes, sur le Pô. — Population du duché : 440,000 h. — Gouv. monarchique absolu. — Religion catholique.

DUCHÉ DE MODÈNE.— Ce duché comprend deux territoires distincts : au N., le duché de *Modène* proprement dit, entre les Apennins et le Pô; au S., l'ancien duché de *Massa-Carrara*, entre les Apennins et la Méditerranée. Capitale, MODÈNE, belle ville de 30,000 âmes. Autres villes : *Reggio*, *Massa*, *Carrara*, connue par ses beaux marbres statuaires.

Population du duché : 380,000 h. — Gouv. monarchique absolu.— Religion catholique.

XXXV.

ITALIE CENTRALE. — ÉTATS QU'ELLE RENFERME. — LEURS LIMITES. — POPULATION. — GOUVERNEMENT. — RELIGION. — VILLES PRINCIPALES. — ÎLES.

Dans l'Italie centrale se trouvent le duché de *Lucques*, le grand-duché de *Toscane*, les *États de l'Église* et la république de *Saint-Marin*.

DUCHÉ DE LUCQUES. — Ce petit duché, situé au S. de celui de Modène, entre les Apennins et la Méditerranée, a pour capitale LUCQUES (25,000 h.), sur le Serchio.

Pop. du duché : 145,000 h. — Gouv. monarchique absolu. — Religion catholique.

GRAND-DUCHÉ DE TOSCANE. — Ce grand-duché est couvert au N. et à l'E. par les Apennins, et baigné à l'O. et au S. O. par la Méditerranée. — FLORENCE (80,000 h.), capitale de cet état, sur l'Arno, est célèbre par la culture des beaux-arts et le grand nombre d'hommes illustres qu'elle a produits.—Autres villes : *Pise*, sur l'Arno, à deux lieues de son embouchure ; *Livourne*, ville maritime fort commerçante (75,000 h.); *Sienne*, avec une célèbre université; *Arezzo*, ville très-ancienne.

C'est du grand-duché de Toscane que dépend l'île d'*Elbe*, située en face du petit port de *Piombino* ; Napoléon y séjourna, comme souverain de l'île, depuis le mois de mai 1814 jusqu'au 26 février 1815.

Pop. du grand-duché : 1,300,000 h. — Gouv. monarchique absolu. — Religion catholique.

ÉTATS DE L'ÉGLISE. — Cette division importante de l'Italie s'étend de l'Adriatique à la mer Tyrrhénienne, et du cours inférieur du Pô jusqu'un peu delà des marais Pontins. La chaîne des Apennins la traverse au milieu.

Dans la région renfermée entre les Apennins et l'Adriatique, les villes principales sont : *Ferrare*, sur une branche du Pô ; *Bologne* (65,000 h.), avec une célèbre université; *Ravenne*, près de la mer ; *Rimini* et *Ancône*, sur la mer.

Dans la région comprise entre les Apennins et la mer Tyrrhénienne, on trouve : *Pérouse* (30,000 h.), près du lac du même nom ; *Spolète*, *Viterbe* ; *Civita-Vecchia*, principal port des États de l'Église, sur la mer Tyrrhénienne ; *Tivoli* (ancienne *Tibur*), sur le Teverone ; et ROME, capitale des États de l'Église et métropole du culte catholique, sur les deux rives du Tibre : 155,000 h.

Population de l'État Pontifical : 2,600,000 h. — Gouv. théocratique : le chef de cet état est le pape, élu à vie par les cardinaux. — Religion catholique. Les autres sont tolérées.

RÉPUBLIQUE DE SAINT-MARIN. — Cette petite république, peuplée de 7,000 h., est enclavée dans les États de l'Église, et placée sous la protection du pape. La capitale porte le même nom.

XXXVI.

ITALIE MÉRIDIONALE.

ROYAUME DES DEUX-SICILES. — 1. LIMITES. — POPULATION. — GOUVERNEMENT. — RELIGION. — 2. VILLES PRINCIPALES. — 3. ÎLES.

§ 1. Limites.

Le royaume des Deux-Siciles, le plus considérable des états italiens, est composé de deux parties distinctes :

1° La partie continentale ou le *roy. de Naples* ; 2° la *Sicile*.— Le roy. de Naples occupe la partie méridionale de la péninsule italienne, et a pour bornes : au N. O., les États de l'Église; au N. E., la mer Adriatique; à l'E., le canal d'Otrante ; au S. O., la mer Tyrrhénienne; au S. E., la mer Ionienne, qui y forme le golfe de Tarente. — La Sicile est située au S. O. du roy. de Naples, dont elle est séparée par le Phare de Messine. — Cette monarchie a environ 8,000,000 d'habitants, dont

6,000,000 pour le royaume de Naples. — Gouvernement monarchique absolu. — Religion catholique.

§ 2. Villes principales.

ROYAUME DE NAPLES. — Dans les Abruzzes, qui sont les prov. les plus sept. du royaume, on remarque *Aquila* et *Chieti* (anc. *Teate*). — Dans les provinces de Capitanate et de la Terre de Bari, situées au S. E. des Abruzzes : *Foggia, Barletta, Bari.* — Dans la terre d'Otrante, presqu'île située entre le canal d'Otrante et le golfe de Tarente : *Tarente*, autrefois importante, et bien déchue aujourd'hui ; *Brindes* ou *Brindisi* (anc. *Brundusium*), sur le canal d'Otrante ; *Lecce*. — Dans les provinces de la Terre de Labour, de Naples et des Principautés, placées vers la mer Tyrrhénienne : *Caserte*, avec un magnifique château royal ; *Capoue*, près des ruines de l'ancienne ville du même nom ; *Gaète*, place forte, sur un golfe du même nom ; — NAPLES (365,000 h.), capitale du roy. des Deux-Siciles, dans une situation admirable, sur le golfe de son nom ; *Pouzzole*, sur le même golfe, près des ruines de *Baïes* et de *Cumes* ; *Portici*, au pied du Vésuve, avec un beau palais royal, des jardins délicieux, et les curieuses ruines d'*Herculanum*, détruite par la première éruption du Vésuve ; *Salerne*, sur le golfe du même nom. — Dans les provinces de Basilicate et des Calabres, resserrées entre le golfe de Tarente et la mer Tyrrhénienne : *Matera, Cotrone* (anc. *Crotone*), port de mer ; *Reggio* (*Rhegium*), sur le Phare de Messine.

SICILE. — *Messine* (*Messana*), avec 40,000 h., sur le détroit auquel le phare de cette ville donne son nom ; *Palerme*, capitale de la Sicile, belle et grande ville de 170,000 h., sur la côte sept. de l'île, au fond du golfe du même nom. — *Trapani, Marsala,* vers l'extrémité occid. de la Sicile. — *Girgenti* (anc. *Agrigente*), vers la côte S. O. — *Caltanisetta*, au centre ; *Modica*, dans le S. ; *Syracuse*, aujourd'hui ville médiocre sur une petite île de la côte orientale ; *Catane*, grande et belle ville maritime (45,000 h.), aussi sur la côte orient., au pied de l'Etna.

§ 3. Iles.

On remarque, près de la côte occid. du roy. de Naples, les îles de *Ponce* ou *Ponza* ; *Ischia*, qui a des sources thermales et des vins renommés ; *Capri* (l'ancienne *Caprées*) ; — au N. de la Sicile, les îles de *Lipari* ou d'*Éole*, groupe volcanique, dont les principales îles sont : *Lipari, Salina, Vulcano,* et *Stromboli,* célèbre par son volcan ; — à l'O. de la même contrée, les îles *Égades* ou *Égates*, dont *Favignana* est la plus considérable ; — au S. O., l'île *Pantellaria*, à peu près à égale distance de la Sicile et de l'Afrique ; — au S., *Malte, Gozzo* et *Comino*, à l'Angleterre : Malte, malgré son peu d'étendue, renferme 100,000 h. ; la capitale est La Valette, place très-forte

XXXVII.

TURQUIE EN GÉNÉRAL. — ÉTENDUE. — DIVISION.

TURQUIE D'EUROPE EN PARTICULIER. — 1. POSITION. — LIMITES. — 2. POPULATION. — GOUVERNEMENT. — RELIGION. — 5. VILLES PRINCIPALES. — 4. ÎLES.

GRÈCE. — 1. LIMITES. — POPULATION. — GOUVERNEMENT. — RELIGION. —2. VILLES PRINCIPALES. — 5. ÎLES.

TURQUIE EN GÉNÉRAL.

La Turquie est une vaste contrée qui se trouve dans le S. de l'Europe et dans l'O. de l'Asie, et qui s'étend depuis l'Adriatique et le Danube, au N. O., jusqu'au golfe Persique, au S. E., entre la mer Noire, au N., et la Méditerranée, au S. ; elle est coupée par les parties de mer qui joignent ces deux dernières, c'est-à-dire par l'Archipel, le détroit des Dardanelles, la mer de Marmara et le canal de Constantinople : c'est ce qui établit la distinction de la Turquie en deux grandes portions, la *Turquie d'Europe* et la *Turquie d'Asie.* De l'extrémité N. O. de la partie européenne à l'extrémité S. E. de la partie asiatique, la plus grande dimension de la Turquie est de 750 lieues; sa plus grande largeur est de 300 lieues ; elle a 80,000 lieues carrées , et renferme de 16 à 20 millions d'hab.

La Turquie d'Europe et la Turquie d'Asie ne forment pas absolument tout *l'empire Othoman* ou du *Grand Seigneur ;* dans cet empire sont encore compris, nominalement du moins, le pachalic d'Égypte et le Hedjaz, province d'Arabie où sont les villes saintes de La Mecque et de Médine.

TURQUIE D'EUROPE EN PARTICULIER.

§ 1. Position. — Limites.

La Turquie d'Europe forme, avec la Grèce, une grande presqu'île , qui s'avance, à l'E. de l'Italie, entre la mer Adriatique, le canal d'Otrante et la mer Ionienne, à l'O. , et la mer Noire , le canal de Constantinople, la mer de Marmara, le détroit des Dardanelles et l'Archipel, à l'E. Elle est au S. de l'Autriche, dont elle est séparée par la Save , le Danube et les monts Carpathes; et au S. O. de la Russie , vers laquelle elle a pour frontières le Danube et le Pruth. Cette contrée est séparée de la Grèce par une ligne tirée du golfe de Volo au golfe de l'Arta. — Elle est comprise entre 38° 30' et 48° 20' de latit. N., et entre 13° et 27° 30' de long. E.

§ 2. Population. — Religion. — Gouvernement.

La Turquie d'Europe a environ 9,000,000 d'hab. — Les Turcs sont mahométans, de la secte d'Omar ; la règle de leur foi est le Koran. — Le gouvernement est monarchique, mais n'est plus absolu : la Turquie a adopté , depuis 1839, le régime constitutionnel ; les lois sont discutées par une chambre législative, formée de personnages désignés par l'empereur. Celui-ci a le titre de *sultan*, de *Grand Seigneur* ou de *Grand Turc ;* il est en même temps souverain pontife. Le grand vizir

est le lieutenant du sultan , en tout ce qui concerne le pouvoir temporel ; et le mufti ou grand prêtre, en tout ce qui a rapport au spirituel. On donne le nom de *divan* au conseil d'état, composé du mufti, du grand vizir et d'autres ministres ou personnages importants. Les divisions administratives ne sont plus gouvernées par des pachas, mais par des préfets nommés *mudir*.

Parmi les contrées renfermées dans la Turquie d'Europe, il y a , au N. , trois grandes principautés qui ne sont que tributaires de l'empire Ottoman : ce sont celles de *Moldavie* et de *Valachie,* au nord du Danube ; et celle de *Servie*, entre le Danube et la partie occidentale du Balkan. Les autres contrées comprises dans la Turquie d'Europe sont: la *Bulgarie*, entre le Danube inférieur et le Balkan ; — la *Romélie* ou *Romanie*, au S. du Balkan , à l'E. de la chaîne Hellénique , et sur la côte de l'Archipel, de la mer de Marmara et de la mer Noire ; — la *Bosnie*, située à l'angle N. O. de la Turquie d'Europe ; — l'*Albanie*, renfermée entre la chaîne Hellénique , à l'E. , et les mers Adriatique et Ionienne , à l'O. ; — la *Thessalie*, anciennement comprise dans la Grèce, et renfermée entre le Pinde et l'Archipel.

Les peuples et les religions sont très-variés dans la Turquie d'Europe : il n'y a qu'environ 2,500,000 de Turcs ; les autres nations principales sont les Grecs ou Hellènes, les Slaves, les Valaques, les Albanais. On ne compte , dans cette contrée, que 3,000,000 de musulmans ; il y a près de 5,000,000 de chrétiens grecs, et environ 300,000 catholiques, 300,000 juifs , 85,000 arméniens.

§ 3. Villes principales.

MOLDAVIE : *Iassi*, capitale ; *Galatz*, ville commerçante, sur le Danube. — VALACHIE . *Boukharest*, capitale (80,000 h.). — SERVIE : *Sémendria*, capitale , au confluent de la Morava et du Danube ; *Belgrade* (30,000 h.), ville très-forte , au confluent de la Save et du Danube. — BULGARIE: *Sophia*, capitale, au pied du Balkan (50,000 h.); *Choumla*, célèbre place forte ; *Varna*, le meilleur port de la Turquie, sur la mer Noire ; *Widdin* , *Nikopol*, *Roustchouk* , *Silistri* et *Brahilov*, toutes sur le Danube. — ROMÉLIE : CONSTANTINOPLE, en turc *Stamboul* (anc. *Byzance*), capitale de cette province et de tout l'empire, admirablement située à l'entrée méridionale du canal de Constantinople (anc. Bosphore de Thrace), et sur les confins de l'Europe et de l'Asie. Le sérail ou palais du Grand Seigneur est entouré de hautes murailles percées de huit portes, dont une est célèbre sous le nom de *Sublime-Porte* (1); *Rodosto*, sur la mer de Marmara; *Gallipoli*, vers l'entrée sept. du détroit des Dardanelles; *Andrinople* (100,000 h.) et *Philippoli*, sur la Maritza ; *Sérès*, dans un pays riche en tabac et en coton; *Salonique* (Thessalonique), ville très-commerçante, de 70,000 h., au fond du golfe du même nom. — BOSNIE : *Bosna-Sérai*, capitale (50,000 h.). — ALBANIE : *Ianina* ou *Joannina*, capitale (35,000 h.), sur un lac du même nom ; *Scutari*, aussi sur un lac du

____

(1) C'est à cause de cette porte principale du palais que, pour désigner le gouvernement turc , on dit souvent la *Sublime Porte*, ou simplement la *Porte*.

même nom ; *Durazzo* (anc. *Dyrrachium*), port sur l'Adriatique.—
Cettigne, capitale du petit pays montagneux et indépendant de *Montenegro*.—THESSALIE : *Tricala*, capitale ; *Larisse* ou *Iénitcher*, sur la Salembria.

§ 4. Iles.

Les îles *Tasso* (*Thasos*), *Samotraki* (*Samothrace*), *Imbro* (*Imbros*), *Lemno* ou *Stalimène* (*Lemnos*), situées dans la partie sept. de l'Archipel, appartiennent à la Turquie.—L'île de *Candie* ou *Criti* (Crète), au S. de l'Archipel, dans la Méditerranée, a été remise par le sultan entre les mains du pacha d'Égypte.

GRÈCE.

§ 1. Limites. — Population. — Gouvernement.

La Grèce ou Hellas, longtemps soumise à l'empire Turc, forme aujourd'hui un royaume indépendant, renfermé entre l'Archipel, à l'E., la mer Ionienne, à l'O. et au S., et la Turquie d'Europe, au N. — Elle se compose de deux parties principales : la *Grèce propre*, au N., et la presqu'île de *Morée* (anc. *Péloponnèse*), au S. ; elles sont unies l'une à l'autre par l'isthme de Corinthe. Les côtes de la Grèce sont très-découpées; de toutes parts elles présentent des golfes, des presqu'îles et des caps très-avancés. Le plus remarquable de ceux-ci est le cap *Matapan* (anc. promontoire *Ténare*), pointe la plus australe du continent européen.

La Grèce ne renferme que 8 ou 900,000 h. — Le gouvernement est une monarchie constitutionnelle. — La religion grecque, dite orthodoxe, est celle de l'état et de presque toute la nation ; le culte grec a quatre patriarches, résidant à Constantinople, à Alexandrie, à Jérusalem et à Antioche.

§ 2. Villes principales.

GRÈCE PROPRE, comprenant les départements ou *nomes* d'Attique-et-Béotie, d'Arcananie-et-Étolie, de Locride-et-Phocide. ATHÈNES, ou SÉTHINES, capitale du royaume : après être restée longtemps, sous le gouvernement turc, dans l'état le plus misérable, cette ville s'augmente et s'embellit de jour en jour, et elle compte environ 40,000 h. — *Thiva* (*Thèbes*). — *Livadie*, près du lac du même nom. — *Lépante* (*Naupacte*), vers l'entrée du golfe auquel elle donne son nom. — *Missolonghi*, sur la mer Ionienne : fameuse par le siége qu'elle soutint contre les Turcs en 1825 et 1826.

MORÉE, comprenant les départements d'Argolide-et-Corinthie, d'Achaïe-et-Élide, d'Arcadie, de Messénie et de Laconie : *Nauplie de Romanie*, place très-forte, sur une langue de terre qui s'avance dans le golfe de Nauplie. — *Corinthe*, près et au S. O. de l'isthme auquel elle donne son nom, et vers le fond du golfe Lépante.—*Patras*, place forte, sur le golfe du même nom, qui est à l'entrée du golfe de Lépante. — *Tripolitza*, ancienne capitale de la Morée sous les Turcs.— *Navarin*, avec un vaste port, dans lequel les flottes française, anglaise et russe remportèrent une grande victoire sur la flotte turcoégyptienne, en 1827. — *Mistra*, près des ruines de *Sparte*. — *Monem-basie* ou *Nauplie de Malvoisie*, sur une petite île de l'Archipel, unie au continent par un pont.

§ 5. Iles.

La Grèce a deux départements entièrement composés d'îles : l'un est le département d'Eubée, comprenant la grande île d'*Eubée; Né-grepont* ou *Égripos*, et quelques autres îles, dont la plus remarqua-ble est *Skyro* (*Scyros*) : le chef-lieu est *Négrepont* ou *Égripos* (*Chalcis*), sur la côte occid. de l'île du même nom, au bord du petit détroit d'Euripe. — L'autre département est celui des Cyclades, dont les plus importantes sont *Andro* (*Andros*), *Syra* (*Syros*), *Naxie* (*Naxos*), *Paro* (*Paros*), *Zéa* (*Céos*), *Milo* (*Mélos*), *Santorin* (*Thera*) et *Stampalie* (*Astypalea*). On remarque encore, vers les côtes de l'Attique et de l'Argolide, l'île *Colouri* (anc. *Salamine*), et celles d'*Enghia* (*Égine*), de *Poros*, d'*Hydra* et de *Spetzia*.

Près des côtes occid. et mérid. de la Grèce, sont placées les *îles Ioniennes* ou les *Sept-Iles*, qui forment une petite république, pro-tégée par l'Angleterre. La plus septentrionale est *Corfou* (*Corcyre*), avec une ville du même nom, siège du gouv. de ces îles. Les autres sont : *Paxo*, peu considérable; *Sainte-Maure* (*Leucadie*); *Téaki* (*Ithaque*); *Céphalonie* (*Céphallénie*), la plus grande des îles Ioniennes; *Zante* (*Zacynthe*), avec une assez grande ville du même nom; *Cérigo* (*Cythère*), près de l'extrémité S. E. de la Morée.

XXXVIII.

ASIE. — 1. POSITION. — LIMITES. — 2. DIVISION. — POPULATION GÉNÉ-RALE. — 3. MERS INTÉRIEURES ET EXTÉRIEURES. — 4. RIVIÈRES. — 5. CHAÎNES DE MONTAGNES.

§ 1. Position. — Limites

L'Asie occupe la partie orient. de l'ancien continent, et s'étend du 1er au 76e degré de lat. N., et du 23e degré de longitude E. au 172e de long. O. — Elle tient, vers l'O., à l'Europe et à l'Afrique par trois espaces de terre : le plus grand et le plus sept. est le territoire des monts *Ourals ;* celui du milieu est l'isthme du *Caucase*, entre la mer Caspienne et la mer Noire; le plus méridional est l'isthme de *Suez ;* qui conduit en Afrique, et qui est resserré entre la mer Rouge et la Méditerranée. Partout ailleurs l'Asie est enveloppée par la mer : au N., elle est baignée par l'océan Glacial arctique; au N. E., le détroit de Bering la sépare de l'Amérique; à l'E., elle a le Grand Océan ou océan Pacifique ; au S., le détroit de Malacca et l'océan Indien.

§ 2. Division.

L'Asie comprend 12 contrées principales :

A l'O., six pays entre la Méditerranée et l'Indus, et entre la mer Noire, la Caspienne, le golfe Persique et la mer d'Oman : ce sont la *Turquie d'Asie*, la *Transcaucasie* ou *Russie d'Asie occidentale*, la

Perse, le *Béloutchistan*, l'*Afghanistan* ou royaume de *Caboul*, et le royaume de *Hérat*.

Au S. O., la grande presqu'île d'*Arabie*, entre la mer Rouge, le golfe Persique et la mer d'Oman ; elle renferme les villes saintes des musulmans : *La Mecque* et *Médine*.

Au S., les deux grandes presqu'îles des *Indes en deçà* et *au delà du Gange*, ou l'*Hindoustan* et l'*Indo-Chine*.

A l'E., deux empires : l'un s'étend sur le continent, depuis le cours supérieur de l'Indus jusqu'au Grand Océan : c'est l'empire *Chinois*. — L'autre est le *Japon*, tout composé d'îles, dont la principale, nommée Nifon, renferme *Yédo*, capitale de cet empire, et, suivant quelques relations, la plus grande ville du monde.

Au N., la *Sibérie*, ou *Russie d'Asie orientale*, qui s'étend depuis les monts Ourals jusqu'au Grand Océan, et le long de la côte de l'océan Glacial.

Au N. O., le *Turkestan*, ou la *Tartarie indépendante*.

L'Asie renferme environ 600,000,000 d'h.

§ 3. Mers intérieures et extérieures.

La mer *Méditerranée* ; la mer *Noire* ; la mer *Caspienne*, sont les principales mers intérieures qui baignent l'Asie à l'O. — On voit, à l'E. de la mer Caspienne, le grand lac d'*Aral*, auquel on donne quelquefois le nom de mer. — La mer *Rouge* ; au S. O., formée par l'océan Indien entre l'Arabie et l'Afrique, peut encore être considérée comme une mer intérieure.

Les mers qu'on peut appeler extérieures sont les mers d'*Oman* ou d'*Arabie* formée par l'océan Indien ; la mer de *Chine*, la mer *Bleue* ou de *Corée*, et celles du *Japon* ; d'*Okhotsk* et de *Bering*, formées par le Grand Océan.

§ 4. Rivières.

Sur le versant de l'océan Glacial arctique, on remarque : l'*Obi*, l'*Iénisei* ; la *Léna* ; — sur le versant du Grand Océan : l'*Amour* ou *Sakhalian-oula*, le *Hoang-ho* ou *fleuve Jaune*, le *Kiang* ou *fleuve Bleu*, le *Camboge* ou *May-kang* ; le *Meïnam* ; — sur le versant de l'océan Indien : l'*Ava* ou *Iraouaddy*, le *Brahmapoutre*, le *Gange*, le *Sind* ou *Indus*, le *Tigre* et l'*Euphrate*, qui forment le *Chat-el-Arab* en se réunissant.

§ 5. Montagnes.

Le centre de l'Asie forme un plateau vaste et élevé, autour duquel sont de hautes montagnes, c'est-à-dire, les monts *Altaï*, au N., les monts *Célestes* ou *Thian-chan*, et le *Bolor*, à l'O., etc. ; des chaînes considérables se détachent de la ceinture de ce plateau, et se dirigent dans toutes les directions : au S., sont les monts *Himalaya* (les plus hauts du monde), auxquels se rattachent les *Ghattes* ; au N. E., les monts *Iablonoï* ou *Stanovoï*, qui vont se terminer au cap Oriental ; à l'O., le *Caucase indien*, qui se lie par diverses ramifications au *Taurus*, au *Caucase*, au *Liban*.

XXXIX.

TURQUIE D'ASIE. — 1. LIMITES — DIVISION. — 2. RIVIÈRES. — CHAÎNES DE MONTAGNES. — 3. GOUVERNEMENT. — RELIGION. — 4. VILLES PRINCIPALES. — 5. ÎLES.

§ 1. Limites. — Division.

C'est la contrée la plus occid. de l'Asie. A l'O., elle s'avance entre la mer Noire, la mer de Marmara, l'Archipel et la Méditerranée, et elle s'étend vers le S. E. jusqu'au golfe Persique ; elle tient vers le S. à l'Arabie, et vers l'E. à la Perse. — Cette grande contrée comprend six parties principales : à l'O., l'ASIE MINEURE (qui renferme plusieurs divisions importantes, telles ; que l'Anatolie et la Caramanie) ; — au N. E., l'ARMÉNIE ; — à l'E., le KURDISTAN (anc. *Assyrie*) ; — au centre, le DJÉZIREH ou MÉSOPOTAMIE ; — au S. E., l'IRAC-ARABI (*Babylonie*) ; — au S., la SYRIE ou SOURISTAN.

§ 2. Rivières. — Chaînes de montagnes.

Le *Kizil-Armak* (*Halys*) et le *Sakaria* (*Sangarius*) se jettent dans la mer Noire ; — le *Sarabat* (*Hermus*), le *Grand Meïnder* (*Méandre*), dans l'Archipel ; — l'*Aasi* (*Oronte*), dans la Méditerranée ; — le *Charia Jourdain*) dans le lac Asphalte ou mer Morte. — Le *Taurus* et l'*Anti-Taurus* s'élèvent dans les parties centrale et mérid. de l'Asie Mineure ; le mont *Ida*, le mont *Olympe*, dans le N. O. de la même contrée ; le *Liban* et l'*Anti-Liban*, dans la Syrie.

§ 3. Gouvernement. — Religion.

Les gouverneurs de plusieurs parties de la Turquie d'Asie ne sont que faiblement soumis à la Porte Othomane ; mais eux-mêmes peuvent à peine obtenir l'obéissance des tribus nomades ou guerrières qui habitent leur gouvernement. La Syrie a été conquise par le pacha d'Égypte à qui elle vient d'être enlevée. — L'islamisme est la religion dominante ; les Arméniens sont chrétiens, de même que les Maronites, peuple du Liban.

§ 4. Villes principales.

Dans l'ASIE MINEURE : *Sinope*, sur la mer Noire ; *Scutari*, sur le Bosphore, en face de Constantinople ; *Brousse* (*Prusa*), au pied du mont Olympe ; *Smyrne* (120,000 h.), principale ville maritime de la Turquie d'Asie, sur l'Archipel ; *Angora* (*Ancyre*) ; *Kutahieh*, capitale de l'Anatolie (50,000 h.) ; *Afioum-Carahissar* (60,000 hab.) ; *Tokat* (100,000 hab.) ; *Conieh* (*Iconium*), cap. de la Caramanie ; *Kaïsarieh* *Césarée*) ; *Trébizonde*, sur la mer Noire ; *Adana*, *Tarse*, situées entre le Taurus et la Méditerranée, et qui ont été soumises quelque temps au pacha d'Égypte. — Dans l'ARMÉNIE : *Erze-Roum* (80,000 hab.) ; *Diarbekir* ou *Amid* (40,000 h.), sur le Tigre. — Dans le KURDISTAN : *Mossoul*, sur le Tigre. — Dans la MÉSOPOTAMIE : *Réha* ou *Orfa* (Edesse). — Dans l'IRAC-ARABI : *Baydad*, sur le Tigre (100,000 h.) ; *Bassora* (60,000 h.), sur le Chat-el-Arab. — Dans la SYRIE : sur la côte, *Tripoli*, *Beyrouth*, *Seïde* ou *Saïde* (*Sidon*), *Acre* (*Ptolémaïs*), *Jaffa* (*Joppé*); — dans l'intérieur, *Alep* (200,000 h.); *Antakieh* (*Antioche*) et *Hama* (50,000 h.), sur l'Aasi; *Damas* (200,000 h.), dans une vallée délicieuse; *Jérusalem* (30,000 h.), appelée par les Orientaux *El Kods* (la sainte) ou *Soliman* (*Salomon*); ruines de *Palmyre* et de *Baalbek* (*Héliopolis*).

§ 5. Iles.

On trouve dans l'Archipel de nombreuses îles, le long de le côte occid. de l'Asie Mineure; les principales sont : *Ténédo* (*Ténedos*), *Métélin* (*Lesbos*), *Khio* ou *Scio* (*Chios*); *Samo* (*Samos*), *Nikaria* (*Icaria*), *Palmo* (*Patmos*), *Co* (*Cos*), *Rhodes*, retraite fameuse, au moyen âge, des chevaliers de Saint-Jean de Jérusalem; *Scarpanto* (*Carpathos*) : ces cinq dernières îles font partie de l'archipel qu'on nomme *Sporades* (dispersées), par opposition aux *Cyclades* (rangées en cercle). — Au S. de l'Asie Mineure, on remarque la grande île de *Chypre* (*Cypre*), dont le chef-lieu est *Nicosie* ou *Leucosie*.

XL.

PERSE. — **1. LIMITES. — MERS QUI L'ENTOURENT. — DIVISION. — 2. GOUVERNEMENT. — RELIGION. — 3. VILLES PRINCIPALES**

§ 1. Limites.

La Perse, nommée *Iran* par les Orientaux, s'étend à l'E. de la Turquie d'Asie; elle a au N. la mer Caspienne, et au S. le golfe Persique, le détroit d'Ormus et la mer d'Oman.

Ce royaume est divisé en onze provinces, dont les plus importantes sont : le *Mazendéran*, au N., sur la mer Caspienne; l'*Aderbaïdjan*, au N. O., autour du lac d'Ormiah; l'*Irac-Adjémi* (la plus grande partie de l'ancienne *Médie*), au centre; le *Farsistan* (anc. *Perse propre*) et le *Kerman* (*Carmanie*), au S.; le *Khoraçan*, au N. E.

§ 2. Gouvernement. — Religion.

Le gouv. de la Perse est une monarchie absolue. Le souverain porte le titre de *chah*. — Les Persans sont mahométans, de la secte d'Ali : ils se donnent, sous le rapport religieux, le nom d'*adéliés* (partisans de la justice); leurs adversaires les nomment *chiites* (sectaires).

§ 3. Villes principales.

Dans l'IRAC : TÉHÉRAN, capitale de la Perse (130,000 h. en hiver, 40,000 en été) : superbe palais du chah; *Ispahan* (200,000 h.), ancienne capitale de la Perse; *Cazbin* (60,000 h.), ancienne résidence royale; *Hamadan*, vers les ruines d'*Ecbatane*. — Dans l'ADERBAIDJAN : *Tauris* (100,000 h.). — Dans le FARSISTAN : *Chiraz* (52,000 h.), dans une vallée délicieuse, au S. O. des ruines de *Persépolis*; *Yezd*; *Bender-Boucher* ou *Aboucher*, port de mer.

XLI.

INDES EN DEÇA ET AU DELA DU GANGE. — 1. POSITION. — LIMITES. 2. DIVISION. — 3. RIVIÈRES. — MONTAGNES. — 4. NATIONS QUI SE PARTAGENT L'EMPIRE DE L'INDE. — PEUPLES QUI L'HABITENT. — POPULATION. — RELIGION. — 5. VILLES PRINCIPALES. — 6. ÎLES.

§ 1. — Position. — Limites.

Les deux riches presqu'îles de l'Inde, ou l'Inde en deçà du Gange et l'Inde au delà du Gange, se trouvent dans le S. de l'Asie, entre 1° et 36° de lat. N., et entre 65° et 107° de long. E. — La presqu'île occidentale, à laquelle s'applique plus spécialement le nom d'*Inde*, ou celui d'*Hindoustan*, s'avance en pointe dans l'océan Indien, entre le golfe du Bengale, à l'E., et la mer d'Oman, à l'O.; le cap Comorin en forme l'extrémité méridionale; les monts Himalaya, au N., la séparent de l'empire Chinois. — La presqu'île orientale, nommée souvent *Indo-Chine*, s'étend entre le golfe du Bengale, à l'O., et la mer de Chine, à l'E. et au S. E.; elle se termine au S. par la presqu'île de Malacca, que le détroit du même nom sépare de l'île de Sumatra; elle est bornée au N. par l'empire Chinois.

§ 2. Division.

L'Hindoustan est divisé en deux grandes parties : l'*Hindoustan propre*, au N., et le *Dekhan*, au S. Les prov. principales de l'Hindoustan propre sont : le *Bengale*, à l'E., le *Neypal*, les prov. d'*Agrah*, de *Dehly*, de *Lahore*, au N.; le *Sindhi*, le *Goudjérate*, à l'O. — Les provinces les plus importantes du Dekhan sont : les *Serkars*, le *Karnatic* (dont la côte se nomme Coromandel), le long du golfe du Bengale; le *Malabar*, le *Kanara*, la prov. d'*Aureng-abad*, le long de la mer d'Oman; le *Maïssour* ou *Mysore*, dans l'intérieur.

L'Indo-Chine comprend cinq divisions principales : à l'O., l'*empire Birman* et l'*Indo-Chine britannique* (renfermant l'*Assam*, l'*Aracan*, le *Merghi*); à l'E., le royaume *An-nam* (comprenant le *Tonkin*, la *Cochinchine*, le *Camboge*); au milieu, le royaume de *Siam*; et au S., les *petits états de la presqu'île de Malacca*.

§ 3. Rivières. — Montagnes.

Dans l'Hindoustan : le *Gange*, qui descend des monts Himalaya, et se grossit de la *Djemnah*; le *Méhénédy*, le *Godavéry*, la *Kistnah* ou *Krichnah*, le *Cavéry*, se jettent dans le golfe du Bengale; — le *Sind* ou *Indus*, grossi du *Tchinnaou*, qui lui apporte les eaux du *Djélem* (*Hydaspes*), etc.; la *Nerbédah*, le *Tapty*, se jettent dans la mer d'Oman.

Dans l'Indo-Chine : le *May-kang* ou *Camboge* se rend dans la mer de Chine; le *Meïnam*, dans le golfe de Siam, partie de cette mer; le *Thaléayn*, l'*Ava* ou *Iraouaddy*, dans le golfe du Bengale; — le *Brahmapoutre* ou *Bourampoutre* arrose le N. O. de l'Indo-Chine, et entre ensuite dans l'Hindoustan, où il se jette dans le même golfe.

Les monts *Himalaya* ou *Himalch* s'élèvent entre l'Hindoustan et le pays chinois de Tibet; le *Dhaoualagiri* (de 8,500 m.), qui en

est le point culminant, est le plus haut sommet du globe. Dans le S.
de l'Hindoustan, sont les chaînes des *Ghattes occidentales* et des
Ghattes orientales.

§ 4. Nations qui se partagent l'empire de l'Inde. — Peuples qui l'habitent. —
Population. — Religion.

L'Hindoustan a formé longtemps un seul et puissant empire, dont
le souverain était connu sous le nom de *Grand Mogol*; il est maintenant partagé entre plusieurs nations européennes et divers princes indigènes. Les Anglais en possèdent une grande partie.—Une autre partie est sous leur protection, ou leur paie un tribut : dans cette caté-
gorie, se trouvent les *Radjepouts*, au N.; les *Mahrattes* et l'état du
Nizam, au milieu; l'état de *Maïssour*, au S. — Les Français, les Danois et les Portugais ont quelques villes, avec de petits territoires
environnants. — Le reste appartient à des princes hindous tout à
fait indépendants : on y remarque l'état des *Seykhs*, le plus septent.
des pays de l'Hindoustan; l'état de *Neypal* et le *Sindhi.*

On nomme *Hindous* les véritables indigènes de l'Inde. Beaucoup
de nations étrangères sont venues s'établir dans cette riche contrée :
il y a des *Mongols* ou *Mogols*, des *Afghans* ou *Patans*, des *Parsis* ou
Guèbres (peuple adorateur du feu), des *Arabes*, des *Européens*; on
trouve dans le midi un assez grand nombre de *Portugais noirs*, qui
descendent d'un mélange de Portugais et d'Hindous. La pop. de l'Hindoustan s'élève à environ 130,000,000 d'hab. — La plupart des Hindous professent le *brahmisme*, qui admet trois dieux supérieurs :
Brahma, ou le créateur; *Vichnou*, ou le conservateur, et *Chiva*,
ou le destructeur. Viennent ensuite une foule de divinités subalternes.
Les Hindous sont, suivant ce culte, partagés en *castes* ou classes, qui
ne se mêlent jamais entre elles : la première est celle des *brahmines*
ou lettrés, qui sont les prêtres; les *parias* sont des hommes jugés in-
dignes de former une caste.—Il y a dans l'Hindoustan un assez grand
nombre de musulmans et de chrétiens.—Le *bouddhisme*, religion généralement professée dans l'Indo-Chine, a beaucoup de rapport avec
le brahmisme.

§ 5. Villes principales.

HINDOUSTAN.

Possessions immédiates des Anglais. — Dans le bassin du Gange :
Dehly (300,000 habitants), ancienne cap. de l'empire de l'Inde, et
toujours résidence d'un prince qui conserve le titre de *Grand Mogol*; *Agrah*; *Allah-abad*, avec un temple fameux, au confluent de
la Djemnah et du Gange; *Bénarès* (200,000 h.), la ville la plus sa-
vante de l'Inde, sur le Gange; *Patna* (300,000 h.), sur le même
fleuve; Calcutta (300,000 h.), cap. du Bengale et des possessions angl.
en Asie, sur l'Hougly, bras du Gange; *Dacca* (200,000 h.), dans la
même province.—Sur la côte orientale de Dékhan : *Kétek* (100,000 h.),
sur le Méhénédy; *Gangam* (toiles nommées *guingans*); *Madapol-
lam* et *Mazulipatam* (étoffes de coton); *Madras* (300,000 h.). —
Sur la côte occidentale de la presqu'île : *Cochin, Calicut* (toiles ap-
pelées *calicots*); *Bombay* (300,000 h.), sur une petite île; *Surate*

5.

(160,000 h.), sur le Tapty; *Cambay*, au fond du golfe du même nom.

ÉTATS TRIBUTAIRES OU ALLIÉS-PROTÉGÉS DES ANGLAIS. — Dans le N. : *Laknau* (300,000 h.), cap. de l'état d'Aoude.—Au centre : *Nagpour*, cap. d'un état mahratte ; *Beydjapour* ou *Visiapour*, cap. d'un autre état mahratte, avec près d'un million de maisons, aujourd'hui en partie désertes ou ruinées; *Hayder-abad*, cap. de l'état du Nizam.

POSSESSIONS FRANÇAISES, DANOISES ET PORTUGAISES. — Aux Français : *Pondichéry* (30,000 h.), cap. des établissements asiatiques de la France, sur la côte de Coromandel ; *Karikal*, sur la même côte ; *Chandernagor*, dans le Bengale; *Mahé*, sur la côte de Malabar. — Aux Danois : *Tranquebar*, sur la côte de Coromandel. — Aux Portugais : deux villes de *Goa*, dans une île du même nom, sur la côte occid. du Dékhan : l'une est l'ancienne *Goa*, ruinée; l'autre, la nouvelle *Goa*, capitale actuelle de l'Inde portugaise.

ÉTATS INDIGÈNES INDÉPENDANTS. — Dans l'état des Seykhs : *Lahore*, capitale (100,000 h.); *Cachemire* ou *Kachmyr*, dans une magnifique vallée du même nom (châles renommés). — Dans le Sindhi : *Hayder-abad*, *Tatta*.

INDO-CHINE.

EMPIRE BIRMAN : *Ava*, capitale, sur l'Iraouaddy; *Oummérapour*, sur le même fleuve ; *Pégou*, ancienne cap. d'un royaume du même nom ; *Rangoun*, principal port de l'empire, à l'embouchure d'une des branches de l'Iraouaddy. — INDO-CHINE BRITANNIQUE : *Amherst-town*, chef-lieu des établissements anglais dans l'Indo-Chine ; *Aracan; Merghi*. — ROYAUME AN-NAM : *Hué*, capitale, dans la Cochinchine (100,000 h.); *Kécho* ou *Dong-Kinh*, dans le Tonkin ; *Saïgon, Camboge*. — ROY. DE SIAM : *Bankok*, capitale, vers l'embouchure du Méinam (100,000 h.); *Siam* ou *Juthia*, ancienne capitale.

§ 1. Iles.

Près et au S. E. de l'Hindoustan, est la belle île de *Ceylan*, où l'on remarque le pic d'Adam, et les villes de *Colombo*, chef-lieu, *Candy, Trinquemale*. — Les *Laquedives* et les *Maldives*, au S. O. de l'Hindoustan, sont deux archipels composés de beaucoup de petites îles, environnées de récifs.—A l'O. de l'Indo-Chine, sont les îles *Andaman* et *Nicobar*, et, plus près de la côte, l'archipel *Merghi*, l'île *Djonkseylon*, et l'île du *Prince de Galles*, et *Poulo-Pinang*, qui appartient aux Anglais. A l'extrémité méridionale de la presqu'île de Malacca, est l'île *Sincapour*, aussi aux Anglais.

XLII.

EMPIRE CHINOIS. — 1. POSITION. — LIMITES. — 2. PAYS QUI LE COMPOSENT. — LEURS LIMITES. — LEURS DIVISIONS. — 3. RIVIÈRES. — 4. POPULATION. — GOUVERNEMENT. — RELIGION. — 5. VILLES PRINCIPALES.

§ 1. Position. — Limites.

Ce grand et puissant empire occupe le centre et l'E. du continent

asiatique, et s'étend depuis le 17e jusqu'au 56e degré de lat. N., et
depuis le 67e jusqu'au 143e degré de long. E. — Il est baigné, à l'E.
et au S. E., par les mers que forme le Grand Océan, c'est-à-dire, par
la mer d'Okhotsk, la mer du Japon, la mer Jaune, la mer de Corée et
celle de Chine. Au N., il est borné par la Sibérie ; à l'O., par le Turkestan, et au S. O., par l'Hindoustan et l'Indo-Chine ; presque partout
il est séparé de ces diverses contrées par de hautes chaînes de montagnes, comme les monts *Himalaya*, *Bolor*, *Célestes*, etc. Le grand
plateau central de l'Asie est compris dans sa partie occidentale.

§ 2. **Pays qui composent l'empire Chinois. — Leurs limites. — Leurs divisions.**

L'empire Chinois se compose de six divisions principales :

1° La CHINE, la partie de l'empire la plus belle, la plus peuplée,
elle est baignée par la mer à l'E. et au S. ; au N. E., où elle comprend
la *Mandchourie*, elle s'avance jusqu'à la Sibérie ; le célèbre et inutile
rempart nommé *Grande Muraille* règne le long de la frontière sept.
de cette contrée, du côté de la Mongolie ; de longues *barrières de
pieux*, qui s'y rattachent, s'étendent sur la limite mandchoue. La
Chine se partage en vingt et une provinces, qui se divisent en *fou* ou
départements ; ceux-ci comprennent plusieurs *tcheou* ou arrondissements, subdivisés en *hian* ou districts.

2°-La CORÉE, grande presqu'île, qui se trouve entre la mer du Japon, à l'E., et les mers Jaune et de Corée, à l'O. et au S. O.

3° La MONGOLIE, située dans le N. et le N. O. de l'empire ; elle
occupe une grande partie du plateau central, et renferme une portion
du grand désert de Gobi ou Chamo ; on la divise en quatre pays : *Mongolie propre*, à l'E. ; pays des *Khalkha*, au milieu, *Dzoungarie*, au
N. O. ; pays du *Khoukhou-noir* ou du *lac Bleu*, au S.

4° Le TURKESTAN CHINOIS, appelé quelquefois PETITE BOUKHARIE ;
c'est le pays le plus occidental de l'empire ; il renferme une partie du
plateau central et du désert de Gobi.

5° Le TIBET, hérissé de hautes montagnes, et séparé de l'Hindoustan
par l'Himalaya ; il se trouve dans le S. O. de l'empire, et se divise en
Tibet propre, à l'E., et *Petit Tibet*, à l'O.

6° Le BOUTAN, petit pays renfermé entre le Tibet et l'Hindoustan.

§ 3. **Rivières.**

Sur le versant du Grand Océan, coulent trois grands fleuves :
l'*Amour* ou *Sakhalian-oula* (c'est-à-dire, *fleuve Noir*) ; le *Hoang-
ho* (c'est-à-dire *fleuve Jaune*) ; le *Yang-tseu-kiang* (c'est-à-dire,
le *fils de l'Océan*), ou simplement le *Kiang* (c'est-à-dire le *Fleuve*),
appelé par les Européens *fleuve Bleu*. — Sur le versant de l'océan Indien, on remarque le *Yarou-Dzangbo-tchou*, qui prend plus bas le
nom d'*Iraouaddy* ; le *Sanpou*, qui est appelé ensuite *Sind* ou *Indus*.
— Sur le versant de l'océan Glacial, on voit le cours supérieur de l'*Ié-
niseï* et de l'*Irtych*. — Sur le plateau central, on distingue le *Tarim*,
qui se jette dans le lac *Lob* ; et l'*Ili*, qui se rend dans le lac *Balkhach*,
le plus grand de tous les lacs de l'empire Chinois.

§ 4. Population. — Gouvernement. — Religion.

L'empire Chinois a environ 360,000,000 d'hab., dont plus de 300,000,000 pour la Chine seule. L'autorité de l'empereur de la Chine est tempérée par le droit de représentation accordé à certaines classes de magistrats, et par l'obligation où est le souverain de choisir ses agents dans le corps des lettrés ou mandarins, parmi lesquels tous les citoyens peuvent être admis en faisant preuve d'instruction. La Corée, soumise à un roi, la Mongolie et le Turkestan chinois, partagés entre un grand nombre de khans, et le Tibet, qui obéit au pontife nommé *Grand Lama*, sont tributaires de l'empereur. — La plupart des habitants de la Chine professent le bouddhisme, dont le dieu principal est connu dans ce pays sous le nom de Fô. La doctrine de Confucius, suivie par l'empereur et les lettrés, a pour but l'adoration d'un seul Dieu, mais n'admet ni autels ni prêtres. Le lamisme domine dans les autres parties de l'empire : cette religion reconnaît un être tout-puissant, qui subsiste éternellement dans la personne du *Grand Lama,* et elle suppose une nombreuse suite d'esprits et de dieux, subordonnés en rang et en pouvoir.

§ 5. Villes principales.

Dans la CHINE, les villes n'ont pas de nom, à proprement parler : on ne les désigne que par la dénomination des divisions dont elles sont les chefs-lieux. Les principales sont : PÉKIN ou mieux PÉ-KING, ou la ville du CHUN-THIAN-FOU, capitale de la Chine, et peuplée d'environ 2,000,000 d'h. — *Nankin* ou mieux *Nan-king,* ou la ville du *Kiang-ning-fou,* autrefois capitale de l'empire, sur le Kiang; fameuse tour de porcelaine : 800,000 h.—La ville du *Hang-tcheou-fou,* au S. E. de Nankin : 1,000,000 d'h. — La ville du *Fou-tcheou-fou* et le port très-commerçant d'*Émouy* ou *Hia-men,* sur la côte S. E. de la Chine, en face de l'île Formose. — *Canton* ou la ville du *Kouang-tcheou-fou,* au S., sur une baie du même nom : c'est le seul port de l'empire où les Européens soient admis pour faire le commerce; 800,000 h. Dans le S. de la baie de Canton, se trouve l'île de *Macao,* avec une ville du même nom, qui appartient aux Portugais. Au S. O. de Macao, on remarque la grande île *Hai-nan.* — La ville du *Vou-tchhang-fou,* vers le centre de la Chine, sur le Kiang . 600,000 h. ; etc.

Dans la CORÉE, on remarque *Han-yang,* capitale ; — dans la MONGOLIE, *Ourga* ou *Kouren,* capitale des Khalkha, et *Ili,* capitale de la Dzoungarie ; — dans le TURKESTAN CHINOIS, *Yarkand* et *Kachghar* ; — dans le TIBET, *H'Lassa,* capitale.

XLIII.

RUSSIE D'ASIE. — SIBÉRIE. — POSITION. — LIMITES. — DIVISION. — PRINCIPAUX FLEUVES. — MONTAGNES. — POPULATION. — VILLES PRINCIPALES. — ILES.

TARTARIE INDÉPENDANTE. — PEUPLES. — RIVIÈRES. — VILLES.

§ I. RUSSIE D'ASIE.

Les possessions russes en Asie (ou la Russie d'Asie) se composent de deux parties principales : l'une est la *Sibérie*, immense et froide contrée du N. de l'Asie ; l'autre la *Transcaucasie* (comprenant la Géorgie, le Chirvan, la ville de Tiflis, etc.), beaucoup moins étendue que la Sibérie, mais importante par sa position, par son sol généralement fertile, et située à l'O., entre la mer Caspienne et la mer Noire, sur le versant mérid. du Caucase.

La Sibérie s'étend du 49ᵉ au 78ᵉ degré de lat. N., et du 55ᵉ de long. E. au 172ᵉ de long. O. — Elle est limitée au N. par l'océan Glacial, sur lequel elle présente le cap *Septentrional ;* à l'E., par le détroit de Bering qui la sépare de l'Amérique, et par les mers de Bering et d'Okhotsk ; au S., par l'empire Chinois et la Tartarie indépendante ; à l'O., par l'Europe, dont les monts Ourals la séparent.

La Sibérie se divise en deux grandes parties : 1° la SIBÉRIE OCCIDENTALE, qui comprend les gouv. de *Tobolsk* et de *Tomsk* et la prov. d'*Omsk ;* — 2° la SIBÉRIE ORIENTALE, qui renferme les gouv. d'*Iéniseisk* et d'*Irkoutsk,* la prov. d'*Iakoutsk,* le distr. du *Kamtchatka,* etc.

La Sibérie est comme une grande plaine adossée aux hautes montagnes du centre de l'Asie, et inclinée vers l'océan Glacial. Trois fleuves principaux la parcourent du S. au N., pour se rendre dans cet océan : l'*Obi,* qui se grossit de l'*Irtych ;* — l'*Iénisci,* qui reçoit l'*Angara* (sortie du grand lac Baïkal), et qui a un cours de 700 lieues ; — la *Léna.* — Les autres principaux tributaires de l'océan Glacial sont l'*Olének,* la *Kolyma occidentale* et la *Kolyma orientale.* — L'*Anadyr* se jette dans la mer de Bering.

Les montagnes les plus remarquables de la Sibérie se trouvent presque toutes sur ses limites : les monts *Ourals,* sur celles de l'O. ; le *Petit Altaï,* les monts *Sayansk* et les monts *Iablonoï* ou *Stanovoï,* sur celles du S. ; cependant ces derniers s'avancent aussi dans l'intérieur de la Sibérie orientale, et vont se terminer au cap Oriental.

La pop. de la Sibérie ne s'élève qu'à environ 2,000,000 d'h., répandus sur une superficie plus grande que celle de l'Europe. Elle appartient à beaucoup de nations différentes, dont un grand nombre sont d'origine tartare ou mongole : on y remarque les *Kalmouks,* les *Bachkirs,* les *Toungouses,* les *Ostiaks,* les *Samoyèdes,* etc.

Les villes principales de la Sibérie occidentale sont : *Tobolsk,* sur l'Irtych (25,000 h.), *Omsk,* sur la même rivière, *Tomsk, Kolyvan,* célèbre par ses mines d'argent. — Villes de la Sibérie orientale . *Irkoutsk, Nertchinsk,* redoutable lieu d'exil, où l'on exploite des mines d'argent et de plomb ; *Okhotsk,* port de mer ; *Saint-Pierre-et-Saint-Paul,* autre port, chef-lieu du Kamtchatka.

Au S. de la presqu'île du Kamtchatka, s'étend la longue chaîne des îles *Kouriles*, dont la plupart appartiennent à la Russie ; celles du S. dépendent du Japon. On remarque dans l'océan Glacial, au N. E. des bouches de la Léna, l'archipel désert de *Liakhov* ou de la *Nouvelle-Sibérie*, intéressant par ses curieux fossiles, surtout ceux d'éléphants.

§ 2. TARTARIE INDÉPENDANTE.

La Tartarie indépendante, ou mieux *Tatarie indépendante*, porte aussi le nom de *Turkestan*. Elle s'étend entre l'empire Chinois et la mer Caspienne, et entre la Sibérie et la Perse. — Les *Kirghiz*, peuples nomades, qui se nomment eux-mêmes *Kasak* ou *Kaïssak*, en occupent le N., et se divisent en trois hordes : la *grande*, à l'E., la *moyenne*, au milieu, et la *petite*, à l'O. : ces deux dernières se sont mises sous la protection de la Russie.—Le S. E. du Turkestan renferme la *Boukharie* ou *Grande Boukharie*, le *Khôkhan* et le *Badakhchan*, qui formaient, avec quelques autres pays moins importants, le célèbre *Mararennahar*, siège principal de l'empire de Tamerlan ; les *Ouzbeks*, connus par leur caractère fier et belliqueux, sont la plus importante nation de ces contrées. — Dans le S. O. du Turkestan, on trouve le khanat de *Khiva* et le désert de *Kharism*, fréquenté par les tribus nomades des *Turcomans*.

Deux fleuves principaux parcourent le Turkestan : le *Djihoun* ou *Amou-déria* (*Oxus*), et le *Sihoun* ou *Sir-déria* (*Iaxartes*), qui se jettent dans la mer d'Aral. — Le fleuve *Oural* sépare cette contrée de la Russie d'Europe. — Le *Sogd* ou *Zer-Afchan* (anc. *Polytimète*) arrose la Boukharie, et se perd dans le lac Karakoul.

Villes principales : *Boukhara*, résidence de khan de Boukharie ; grand commerce, nombreux colléges, 70,000 h. — *Samarkand* (50,000 h.), dans le même khanat ; autrefois, sous Tamerlan, une des plus brillantes cités de l'Asie. — *Balkh* (anc. *Bactre*), chef-lieu d'un khanat du même nom : elle passe chez les Orientaux pour la plus ancienne ville du monde. — *Khiva*, capitale du khanat du même nom, sur un canal dérivé du Djihoun.

XLIV.

OCÉANIE. — 1. ÉNUMÉRATION DES DIVERSES ÎLES ET CONTRÉES DONT SE COMPOSE CETTE PARTIE DU MONDE. — POSITION. — 2. ÉTABLISSEMENTS EUROPÉENS.

§ 1. Énumération des diverses îles et contrées dont se compose cette partie du monde. — Position.

L'Océanie, appelée aussi *Monde Maritime*, est située au S. E. de l'Asie, et se compose du continent de la *Nouvelle-Hollande* et d'une infinité d'îles répandues dans le Grand Océan ou entre cet océan et l'océan Indien. Elle occupe l'immense espace compris depuis le 34ᵉ degré de lat. N. jusqu'au 5Cᵉ de lat. S., et depuis le 90ᵉ de long. E. jusqu'au 111ᵉ de long. O. — On la partage en quatre divisions : la *Malaisie*, à l'O. ; la *Mélanésie*, au S. ; la *Micronésie*, au N., et la *Polynésie*, à l'E.

La **MALAISIE**, ainsi nommée parce qu'elle est peuplée par les Malais, est appelée quelquefois aussi *archipel Asiatique* ou *archipel de Notasie*. Elle renferme : à l'O. et au S., l'archipel de la *Sonde*, formant une longue chaîne dirigée du N. O. au S. E., et dont les principales îles sont *Sumatra*, *Java*, *Timor*; — au milieu, la grande île *Bornéo*, et celle de *Célèbes*, remarquable par sa forme très-irrégulière; — à l'E., les îles *Moluques* ou les îles *aux Épices*; — au N., les îles *Philippines*, dont la plus importante est *Luçon*.

La **MÉLANÉSIE**, dont le nom signifie *îles des noirs*, est ainsi appelée de ce que sa population est presque uniquement composée de nègres. Elle a pour terre principale la *Nouvelle-Hollande* ou *Australie*, grande contrée qui s'étend de l'E. à l'O., et dont l'intérieur est encore inconnu; on remarque sur la côte sept. le golfe de Carpentarie; le cap York la termine au N., et le cap Wilson, au S.; la partie la mieux connue de ce continent est à l'E., et se nomme *Nouvelle-Galles méridionale*. — Deux autres grandes terres sont près de la Nouvelle-Hollande : au S. E., la *Terre* de *Diemen* ou la *Tasmanie*; au N., la *Nouvelle-Guinée* ou *Terre* des *Papous*, île très-belle, séparée du continent par le détroit de Torres. — On remarque dans la partie orientale de la Mélanésie les archipels de la *Louisiade*, de la *Nouvelle-Bretagne*, l'archipel *Salomon*, celui de *Santa-Cruz* ou de la *Reine-Charlotte*, sur les écueils duquel le célèbre La Pérouse a fait naufrage; les *Nouvelles-Hébrides*, la longue île de la *Nouvelle-Calédonie*, et les îles *Viti* ou *Fidji*. Toutes ces îles sont environnées de récifs très-dangereux.

La **MICRONÉSIE**, dont le nom signifie *petites îles*, comprend : au N., l'archipel *Magellan* et l'archipel d'*Anson*; — à l'O., les îles *Pelew*; — au milieu, les îles *Mariannes* ou des *Larrons*; et les îles *Carolines*; — à l'E., les îles *Mulgrave*, composées des groupes de *Ralick*, *Radack*, etc.

La **POLYNÉSIE** (c'est-à-dire *beaucoup d'îles*) renferme, au N., les îles *Sandwich*, dont la principale est *Hawaii*, et dont les habitants sont déjà presque tous chrétiens et assez avancés dans la civilisation; — à l'O., les jolies îles *Hamoa* ou des *Navigateurs*, et les îles *Tonga* ou des *Amis*; — au milieu, les îles de la *Société*, dont la principale est *O-Taïti*; l'archipel *Paumotou* ou des *îles Basses*, parsemé de nombreux récifs; les îles *Mendaña*, divisées en deux groupes : celui des îles *Marquises* ou de *Mendoze*, et celui de *Washington*; — à l'E., l'île de *Pâques*, amas de rochers basaltiques, loin de toute grande terre et de tout archipel; — au S., la *Nouvelle-Zélande*, composée de deux grandes îles, séparées par le détroit de Cook : c'est au S. de cette région que se trouvent, dans l'océan, les *antipodes* de Paris.

§ 2. Établissements européens.

Les Hollandais ont de grandes possessions dans la Malaisie : ils possèdent presque toute l'île de Java, où se trouve *Batavia* (53,000 h.), capitale de leurs colonies océaniques; et ils ont des établissements à Sumatra, à Bornéo, à Célèbes, aux Moluques. — Les Espagnols possèdent une grande partie des Philippines où leur ville la plus importante est *Manille* (140,000 h.), dans l'île de Luçon. Quelques-unes des îles Mariannes leur appartiennent aussi. — Les Portugais ont une partie de Timor. — Les Anglais possèdent la Nouvelle-Galles méridionale, où leur ville principale est *Sydney;* ils ont fondé une colonie importante dans la Terre de Diemen, et quelques établissements dans la Nouvelle-Zélande.

XLV

AFRIQUE. — 1. FORME ET ÉTENDUE. — POSITION. — LIMITES. — 2. NATURE DU SOL. — RIVIÈRES. — MONTAGNES. — 3. PRINCIPAUX ÉTATS. — POSSESSIONS DES NATIONS EUROPÉENNES. — LEURS LIMITES. — LEURS HABITANTS. — LEUR GOUVERNEMENT. — LEUR RELIGION. — VILLES PRINCIPALES. — 4. ILES.

§ 1. Forme et étendue. — Position. — Limites.

L'Afrique, située dans le S. O. de l'ancien continent, est une grande presqu'île jointe à l'Asie, vers le N. E., par l'isthme de Suez; elle présente à peu près la forme d'un vaste triangle, dont le plus grand côté est à l'O.; le second côté est au N. E., et le troisième, au S. E. Cette partie du monde est comprise entre le 37e degré de lat. N. et le 35e de lat. S., et entre le 20e de long. O. et le 49e de long. E. Sa longueur, du N. au S., est d'environ 1,800 lieues; et sa plus grande largeur, de l'E. à l'O., de 1,700 lieues. — La mer Méditerranée la baigne au N.; l'océan Atlantique, à l'O.; l'océan Indien, au S. E. et à l'E.; la mer Rouge, enfoncement de cet océan, pénètre entre l'Afrique et l'Arabie. — Les côtes africaines sont droites et uniformes, et n'offrent pas de découpures, comme celles de l'Europe et de l'Asie : cependant la Méditerranée y forme les golfes de la *Sidre* et de *Cabès* (*Grande* et *Petite Syrte* des anciens); l'océan Atlantique forme le golfe de *Guinée,* qui comprend ceux de *Benin* et de *Biafra.* — Trois détroits se trouvent sur les limites de l'Afrique : le détroit de *Gibraltar*, au N. O.; le canal de *Mozambique,* au S. E., entre l'île de Madagascar et le continent; et le détroit de *Bab-el-Mandeb,* à l'E., à l'entrée de la mer Rouge. — Quatre caps se présentent aux quatre extrémités cardinales de l'Afrique : le cap *Blanc,* au N.; le cap des *Aiguilles,* au S.; le cap *Vert,* à l'O., et le cap *Guardafui,* à l'E. Il faut aussi remarquer, au N., le cap *Bon,* assez près du cap Blanc; au S., le cap de *Bonne-Espérance;* à l'O., un autre cap *Blanc,* un peu au N. du cap Vert.

§ 2. Nature du sol. — Rivières. — Montagnes.

L'Afrique est la plus chaude des cinq parties du monde. Les côtes sont presque partout très-fertiles; mais l'intérieur est rempli de grands déserts sablonneux, d'une aridité affreuse : on y remarque surtout le Sahara, le plus vaste désert du globe; cependant on rencontre çà et là des oasis au milieu de ces régions stériles. Du reste, il y a encore dans l'intérieur de l'Afrique beaucoup de parties qui nous sont inconnues.

L'Afrique est, relativement au partage des eaux, divisée en quatre grandes régions naturelles : au N., elle envoie ses eaux dans la Méditerranée, et l'on remarque de ce côté le *Nil*, formé par la jonction de la *rivière Blanche* et de la *rivière Bleue ;* — à l'O., elle verse ses fleuves dans l'Atlantique : on y voit le *Sénégal*, la *Gambie*, le *Diali-ba* ou *Niger*, le *Zaïre* ou *Coango*, la *Coanza* et le fleuve *Orange* ou *Gariep ;* — à l'E., les fleuves coulent vers l'océan Indien, mais ils sont peu connus : un des plus considérables est le *Zambèze* ou *Cuama ;* — au centre, est un grand bassin qui ne paraît verser ses eaux dans aucune mer, et au milieu duquel est le grand lac *Tchad*.

Une des plus hautes chaînes de montagnes de l'Afrique est l'*Atlas*, au N. O. — Dans la partie orientale, on trouve les montagnes de l'*Abyssinie ;* — au centre, celles de la *Lune ;* — à l'O., celles de *Kong ;* — au S. E., les monts *Lupata ;* — au S., les monts de *Neige* ou le *Sneeuwberg*

3. Principaux états. — Possessions des nations européennes.

On peut diviser l'Afrique, d'après les principales races d'hommes qui l'habitent, en deux grandes régions, séparées par une ligne tirée à peu près du cap Vert au cap Guardafui. La région du N. est habitée par des peuples qui appartiennent à la race blanche ou caucasique, quoiqu'ils soient généralement bronzés par l'action du soleil, et que quelques-uns aient même le teint à peu près noir, comme les *Maures*, les *Berbers* ou *Cabaïles*, les *Égyptiens*, les *Abyssins*. — L'autre région est peuplée de nations qui appartiennent à la race nègre.

Les pays principaux de la première de ces deux régions sont : 1° la BARBARIE, longue contrée qui occupe presque toute la côte sept. de l'Afrique, et qui renferme quatre divisions, nommées, d'après leurs capitales, *Tripoli*, *Tunis*, *Alger* et *Maroc ;* les Français y ont une importante colonie. — 2° L'ÉGYPTE, située à l'extrémité N. E. de l'Afrique : capitale, *Le Caire*. — 3° La NUBIE, au S. de l'Égypte ; ville principale, *Sennâr*. — 4° L'ABYSSINIE, qui s'étend au S. E. de la Nubie, jusque vers le détroit de Bab-el-Mandeb ; ville principale, *Gondar*. — 5° La côte d'ADEL, qui s'étend du détroit de Bab-el-Mandeb au cap Guardafui ; elle appartient à différents chefs, qui font partie la plupart de la nation des *Somaulis ;* ville principale *Zeïlah*, port de mer. — 6° Le SAHARA ou GRAND DÉSERT, situé au S. de la Barbarie, et borné à l'O. par l'Atlantique, à l'E. par l'Égypte et la Nubie ; *Agably* est une des principales villes de ses oasis ; les *Touariks* et les *Tibbous* sont deux des peuplades les plus considérables qui errent dans ce désert.

La région de la race nègre renferme quatre contrées à l'O., trois au S., trois à l'E., et deux dans l'intérieur.

Les quatre contrées de l'O., situées le long de l'Atlantique, sont : 1° la SÉNÉGAMBIE, qui tire son nom du Sénégal et de la Gambie : les Français y ont d'importantes possessions, principalement sur le Sénégal : la capitale de leur colonie est *Saint-Louis*, sur une île de ce fleuve, et ils possèdent l'île de *Gorée*, près du cap Vert ; les Anglais et les Portugais ont aussi des établissements dans ce pays ; le reste de la contrée est partagé entre des peuples indigènes, tels que les *Yolofs*, les *Mandingues*, les *Foulahs*. — 2° La GUINÉE SUPÉRIEURE ou l'OUANKABAH, qui s'étend le long de la côte sept. du golfe de Guinée ; on y remarque : la côte de *Sierra-Leone*, qui appartient aux Anglais ; la côte des *Graines* ou du *Poivre*, où se trouve la colonie américaine de *Liberia*, pour les nègres affranchis ; la côte des *Dents* ou d'*Ivoire* ; la côte d'*Or*, qui a pour villes princip. *Coumassie*, cap. de l'empire d'*Achanti*, *Cap-Corse*, aux Anglais, *Saint-George de la Mine*, aux Hollandais ; la côte de *Dahomey* ou des *Esclaves* ; la côte de *Benin*, avec une assez grande ville du même nom ; la côte de *Calabar*, etc.— 3° LA GUINÉE INFÉRIEURE, située au S. E. de la Guinée Supérieure, et qui occupe la côte depuis le cap Lopez jusqu'au cap Négro : on y trouve : le royaume de *Congo*, dont la cap. est *San-Salvador* ou *Banza-Congo* ; les royaumes d'*Angola* et de *Benguela*, presque entièrement soumis aux Portugais, et dont les capitales sont *Saint-Paul de Loanda* et *Saint-Philippe de Benguela*. — 4° La CIMBEBASIE, pays stérile et peu connu, situé au S. de la Guinée Inférieure, et qui doit son nom aux *Cimbebas*, son peuple principal.

Les trois contrées du S. sont : 1° la HOTTENTOTIE ou le pays des HOTTENTOTS, arrosé par le fleuve *Orange*, et baigné un peu, à l'O., par l'Atlantique, mais plus généralement composé de pays intérieurs ; les Hottentots sont très-laids et peu intelligents ; leur peau n'est pas précisément noire, mais d'un brun jaunâtre ; quelques-uns ont été convertis au christianisme. — 2° La colonie anglaise du CAP DE BONNE-ESPÉRANCE, placée à l'extrémité méridionale de l'Afrique, et terminée au S. O. par le cap célèbre auquel elle doit son nom ; la *ville du Cap* en est la capitale. — 3° La CAFRERIE, qui est baignée au S. E. par l'océan Indien, et se prolonge fort loin, vers le N., dans l'intérieur des terres ; les Cafres sont grands, bien faits, d'une couleur peu foncée, et plus industrieux que la plupart des autres nègres.

Les trois contrées de l'E. sont : 1° La capitainerie de MOZAMBIQUE, généralement placée entre les monts Lupata et le canal de Mozambique, et traversée par le Zambèze ; elle appartient aux Portugais, et a pour capitale une ville du même nom, sur une petite île. — 2° Le ZANGUEBAR, situé au N. du Mozambique, le long de l'océan Indien, et partagé entre plusieurs états nègres et arabes ; villes principales : *Magadoxo*, *Mélinde*, *Quiloa*. — 3° La côte d'AJAN, peu connue, et peuplée aussi de nègres et d'Arabes.

Contrées de l'intérieur : 1° la NIGRITIE SEPTENTRIONALE, SOUDAN ou TAKROUR, qui s'étend des sables du Sahara aux montagnes de la Lune et de Kong, et depuis la Nubie jusqu'à la Sénégambie ; le Niger en arrose la partie occidentale ; le lac Tchad se trouve vers le milieu ; elle se divise en un grand nombre de royaumes et de pays, tels que ceux de *Timbouctou*, de *Haoussa*, de *Bournou*, de *Darfour*, de *Kordofan* (au pacha d'Egypte) ; villes principales : *Timbouctou*, *Sakkatou*, etc. — 2° La NIGRITIE MÉRIDIONALE, la partie la moins connue de l'Afrique ; elle se prolonge depuis les montagnes de la Lune jusqu'à la Cafrerie ; on n'y connaît que de nom le royaume de *Ninéanaï* ; on a un peu plus de renseignements sur les *Maravis*, les *Cazembes*, l'état de *Cassange*.

Les peuples africains sont presque tous plongés dans la barbarie : un des usages les plus horribles est la vente des esclaves ; ce commerce se fait encore avec activité sur la côte occidentale, quoique les lois des nations éclairées le prohibent aujourd'hui. — Un grossier fétichisme, qui consiste dans l'adoration d'animaux et d'objets inanimés, est la religion du plus grand nombre des nègres. Le mahométisme est répandu dans le N., dans une partie des contrées centrales, et sur une grande étendue des côtes de l'océan Indien. Les Coptes (en Égypte) et les Abyssins sont presque les seuls indigènes qui professent le christianisme.

§ 4. Îles.

Dans l'Atlantique, on remarque : les îles *Açores*, les îles *Maderc*, soumises au Portugal ; — les *Canaries*, qui appartiennent aux Espagnols : la plus considérable est *Ténériffe*, célèbre par son haut pic volcanique, et la plus occidentale est l'île de *Fer*, fameuse par son premier méridien ; — les îles du *Cap-Vert*, aux Portugais ; — les îles *Bissagos*, sur la côte de la Sénégambie, à des populations indigènes ; — *Fernan-do-Po*, dépendante de l'Espagne, mais occupée par les Anglais, dans le golfe de Guinée, où se trouvent aussi l'île du *Prince* et *Saint-Thomas*, aux Portugais ; — l'*Ascension* et *Sainte-Hélène*, deux îles très-éloignées du continent, et dépendantes de l'Angleterre ; — le groupe de *Tristan d'Acunha*, fort reculé vers le S., et habité par une petite colonie anglaise.

Dans l'océan Indien, on trouve · la grande île de *Madagascar*, qui s'allonge du N. E. au S. O ; une chaîne de hautes montagnes la parcourt dans toute sa longueur ; les côtes sont basses et malsaines : il y a, sur celles de l'E., quelques établissements français, dont les principaux sont *Foulpoint* et *Tamatave* ; — l'île *Sainte-Marie*, très-près de l'île de Madagascar, aux Français ; — *Bourbon*, belle île française, chef-lieu *Saint-Denis* ; — *Maurice*, ou l'*île de France*, autre précieuse colonie, autrefois aux Français, maintenant à l'Angleterre : chef-lieu *Port-Nord-Ouest* ou *Port-Louis* ; — l'île *Rodrigue*, aussi à l'Angleterre ; — les îles *Comores*, situées dans le nord du canal de Mozambique, et gouvernées par des sultans arabes ; — *Mombaza*, *Zanzibar*, soumises à d'autres Arabes, sur la côte de Zanguebar ; — les îles *Seychelles*, composées de deux groupes, celui de *Mahé* et celui des *Amirantes*, et dépendantes des Anglais ; — l'île *Socotora* ou *Socotra*, située vers la pointe orientale de l'Afrique, et habitée par des Arabes ; la terre de *Kerguelen* ou de la *Désolation*, île inhabitable, placée bien loin au S. E. de l'Afrique.

XLVI.

CÔTE DE BARBARIE. — ÉTATS QUI Y SONT SITUÉS. — LIMITES. — RIVIÈRES. — MONTAGNES. — GOUVERNEMENT. — RELIGION. — VILLES PRINCIPALES.

ALGÉRIE. — DIVISION. — ADMINISTRATION. — VILLES PRINCIPALES.

§ 1. CÔTE DE BARBARIE EN GÉNÉRAL.

La Barbarie, qui serait nommée plus exactement *Berbérie*, du nom des *Berbers*, un de ses principaux peuples, s'étend le long de la Méditerranée, en face de l'Espagne, de la France, de l'Italie et de la Grèce. L'Atlantique la borne à l'O.; les sables du Sahara la cernent au midi, et elle s'avance vers l'E. jusqu'à l'Égypte. Elle se compose de quatre grandes divisions.—1° Le royaume ou la régence de Tripoli, qui s'étend depuis l'Égypte jusqu'au golfe de Cabès; il comprend, à l'E., le pays de Barcah, et, au S., celui de Fezzan; le souverain a le titre de *pacha*, et reconnaît la suzeraineté de la Porte Othomane; capitale, *Tripoli* (25,000 h.), ville maritime; autres villes : *Benghazy, Mourzouk, Ghadamès*. — 2° Le royaume ou la régence de Tunis, qui s'allonge du N. au S., et se trouve au N. O. du roy. de Tripoli; le souverain a le titre de *bey*, et sa nomination doit être sanctionnée par la Porte; capitale, *Tunis* (100,000 h.), sur un lac qui communique avec le golfe de Tunis par le canal de la Goulette; la seconde ville du roy. est *Kaïrouan*, au moyen âge capitale d'une puissante souveraineté arabe.— 3° L'Algérie (dont on trouvera la description plus loin). — 4° L'empire de Maroc ou *Maghreb-el-Acsa* (les extrémités de l'occident), à l'O. de l'Algérie et au S. de l'Espagne, dont le détroit de Gibraltar le sépare; le souverain prend le titre de *sultan*, et a un pouvoir illimité. Capitale, *Maroc* (50,000 h.); autres villes : *Fez* (100,000 h.); *Méquinez*, résidence ordinaire de l'empereur; *Tanger*, vers l'entrée occid. du détroit de Gibraltar; *Larache, Salé, Rabat* ou *Nouveau-Salé, Mogador*, ports sur l'Atlantique; *Tafilet*, célèbre par ses maroquins. L'Espagne possède sur la côte septent. de l'empire de Maroc *Ceuta* (anc. *Abyla*), placée en face de Gibraltar, et les forteresses ou *presidios* de *Peñon de Velez, Alhucemas* et *Melilla*.

Les principaux cours d'eau tributaires de la Méditerranée, en Barbarie, sont la *Malouïa*, le *Chéliff*, le *Rummel* ou *Oued-el-Kibir*, la *Seïbouse*, la *Medjerda* (anc. Bagradas). — On voit couler vers le S. beaucoup de rivières qui vont se perdre dans les sables ou dans les lacs salés du désert : tels sont le *Draha*, le *Ziz*, l'*Oued-el-Djeddi*.

On donne le nom d'*Atlas* à deux chaines de montagnes qui s'étendent de l'O. à l'E. dans la Barbarie, à travers les pays de Maroc, d'Algérie et de Tunis. Le *Grand Atlas* est le plus méridional; le *Petit Atlas* se trouve assez près de la Méditerranée : il ne forme pas une masse continue, et sur plusieurs points il est coupé par les rivières qui vont à la mer.

Les habitants de la Barbarie appartiennent à trois peuples principaux : les *Maures*, les *Arabes*, et les *Amazirghs*, dont une partie sont connus sous les noms de *Berbers* et de *Cabaïles*; ils sont tous mahométans. Il y a, en outre, dans cette contrée, un assez grand nombre de Turcs, d'Européens et de Juifs.

2. ALGÉRIE.

L'Algérie occupe le long de la Méditerranée, entre le royaume de Tunis et l'empire de Maroc, une longueur de 200 lieues, et s'avance jusqu'à 180 lieues dans l'intérieur de l'Afrique. Elle correspond à l'ancienne *Numidie* et à la *Mauritanie orientale*. La partie sept. est généralement fertile; au S., c'est-à-dire au delà du Grand Atlas, il y a de grands espaces déserts, dans ce qu'on appelle le *Béled-el-Djéryd* (pays des Dattes). — La partie de l'Algérie située au N. du Grand Atlas se divise en trois provinces : celles de *Constantine*, à l'E.; d'*Alger* ou de *Titteri*, au milieu, et d'*Oran*, à l'O. Les Français ont conquis depuis 1830 la côte d'Alger; ils ont renversé un état despotique, longtemps redoutable dans la Méditerranée par ses pirateries, et à la tête duquel se trouvait un souverain nommé *dey*; l'intérieur est encore, en grande partie, au pouvoir de divers chefs indépendants ou de tribus arabes et cabaïles. — La colonie française d'Algérie est administrée par un gouverneur général, qui réside à *Alger*, port de mer. Les autres villes principales que la France possède dans cette contrée sont : sur la côte, *Bone* (anc. *Hippone-Royal*), *Philippeville*, nouvellement bâtie; *Stora*, *Bougie*, *Coléah*, *Cherchel*, *Mostaganem*, *Masagran*, *Arzeu*, *Oran*; — dans l'intérieur, *Constantine* (*Cirta*), *Sétif*, *Blidah*, séparée d'Alger par la grande et fertile plaine de la Mitidja; *Médéah*, *Miliana*. — Dans le territoire que n'occupe pas la France, on remarque *Tékédempt*, *Tlemcen*, *Mascara*, etc.

XLVII.

EGYPTE, NUBIE, ABYSSINIE. — LIMITES. — DIVISION. — NATURE DU SOL. — HABITANTS. — GOUVERNEMENT. — VILLES PRINCIPALES.

§ 1. ÉGYPTE.

L'Égypte, appelée *Mesr* par les Arabes, et *Kébit* par les Turcs, est bornée au N. par la Méditerranée; à l'E., par la mer Rouge et par l'Arabie, à laquelle l'unit l'isthme de Suez; à l'O., par la Barbarie et le Sahara; au S., par la Nubie. — Le *Nil*, seul fleuve de cette contrée, la traverse du S. au N.; sa vallée, fertilisée par ses débordements, est encaissée entre deux rangées de montagnes nues : au delà de ces montagnes, l'Égypte ne présente que des déserts arides, qui sont composés, à l'O., de vastes plaines de sable, et hérissés, à l'E., de collines rocailleuses. Quatre oasis interrompent un peu la stérilité des déserts de la partie occidentale : ce sont, en allant du S. au N., la *Grande Oasis*, l'oasis *Dakhel*, celle de *Farafré* et la *Petite Oasis*.

L'Égypte est divisée en trois parties : 1° au N., la BASSE ÉGYPTE, comprenant le *Delta* du Nil et tout ce qui se trouve à l'E. et à l'O., ainsi qu'une petite partie de la vallée au-dessus de la pointe de ce Delta : villes principales : LE CAIRE ou EL KAHIRAH, capitale de l'Égypte, près de la riv. droite du Nil (300,000 h.); *Mansourah* (bataille de 1250) et *Damiette* (30,000 h.), sur la principale branche orientale du fleuve; *Rosette* (40,000 h.), vers l'embouchure de la principale branche occidentale; *Alexandrie*, principal port de l'Égypte, sur une langue de terre resserrée entre la Méditerranée et le lac Mariout; *Suez*, au fond du golfe du même nom, formé par la mer Rouge. — 2° La MOYENNE ÉGYPTE, où l'on remarque : *Gizeh*, sur la rive gauche du Nil, presque en face du Caire, vers l'emplacement de Memphis et vers les fameuses pyramides; *Médinet-el-Fayoum*, près du lac de Karoun (anc. lac Mœris). — 3° La HAUTE ÉGYPTE, où l'on trouve : *Syout, Girgeh, Denderah* (anc. *Tentyra*), *Keft* (*Coptos*), les villages de *Luxor* et de *Karnak*, au milieu des magnifiques ruines de *Thèbes*; *Açouan* (*Syène*), la ville la plus méridionale de l'Égypte.

L'Égypte est soumise à un pacha ou vice-roi, envoyé par la Porte, mais qui s'est rendu indépendant, et dont l'autorité est absolue. — La masse de la population est formée des *Égyptiens proprement dits*, qui se divisent en Égyptiens musulmans et Égyptiens chrétiens; ces derniers sont plus connus sous le nom de *Coptes*. Les habitants les plus nombreux ensuite sont les *Arabes*; il y a aussi un assez grand nombre de *Turcs*.

§ 2. NUBIE.

La Nubie s'étend au S. de l'Égypte; elle est, comme celle-ci, baignée à l'E. par la mer Rouge, et traversée du S. au N. par le *Nil*, qui est formé, dans la partie mérid. de ce pays, par la réunion de la *rivière Blanche* et de la *rivière Bleue*. Dans le N. et le milieu de la Nubie, la seule partie fertile est la vallée du Nil, et, si l'on s'éloigne à l'E. ou à l'O., on ne trouve que d'affreux déserts. Toute la partie méridionale, arrosée par le *Tacazzé*, affluent du Nil, et par de nombreux affluents de la rivière Bleue, est généralement fertile.

Cette contrée est partagée entre un grand nombre de petits peuples et de petits états, qui reconnaissent presque tous l'autorité du pacha d'Égypte. On remarque, sur le Nil, le pays de *Dongolah*, avec les villes de *Vieux-Dongolah* et de *Nouveau-Dongolah* ou *Marakah*; — sur la rivière Bleue, le pays de *Senndr*, avec une assez grande ville du même nom; — à l'E., vers la mer Rouge, les *Bedjah*, qui vivent dans les cavernes des rochers, comme les anciens *Troglodytes*, dont ils paraissent descendre.

§ 3. ABYSSINIE.

L'Abyssinie, ou plutôt *Habech*, est située au S. E. de la Nubie, et baignée au N. E. par la mer Rouge et le détroit de Bab-el-Mandeb. C'est un pays très-montagneux et très-pittoresque. Le principal cours d'eau est la *rivière Bleue*, qui traverse le grand lac *Dembea* ou *Tsana*. — Cette contrée a formé longtemps un puissant royaume; mais aujourd'hui elle est partagée entre un grand nombre d'états et de peuples. Les principaux états sont : le royaume de *Tigré*, capitale *Adoua*; autre ville remarquable, *Axoum* (anc. *Auxume*); — le royaume de *Gondar* ou d'*Amhara*, occupé aujourd'hui par la nation des *Gallas*,

venue des régions intérieures de l'Afrique ; capitale, *Gondar* (50,000 h.),
résidence des souverains qui ont le titre d'empereurs d'Abyssinie ou
de *grands négous*, mais qui ne jouissent d'aucun pouvoir réel, toute
l'autorité étant dans les mains du *ras*, sorte de maire du palais ;
— le royaume de *Choa* et *Ifat*, capitale *Ankober*. — Sur la côte de
l'Abyssinie se trouve l'importante place de *Massouah*, située sur une
île du même nom, et dépendante du pacha d'Égypte. — Les Abyssins
se nomment eux-mêmes *Itiopiavan* (Éthiopiens) ; ils professent un
christianisme mêlé de pratiques juives et de superstitions grossières.
Il y a aussi dans ce pays des mahométans et des païens.

XLVIII.

**AMÉRIQUE SEPTENTRIONALE. — 1. POSITION. — LIMITES. — MERS
QUI L'ENTOURENT. — 2. MONTAGNES. — RIVIÈRES. — LACS. — 3. PRIN-
CIPAUX ÉTATS. — POSSESSIONS DES NATIONS EUROPÉENNES. — LEURS
DIVISIONS. — LEURS HABITANTS. — LEUR GOUVERNEMENT. — LEUR
RELIGION. — VILLES PRINCIPALES. — 4. ILES.**

1. Position. — Limites. — Mers.

L'Amérique septentrionale s'allonge du N. au S., entre l'Atlantique,
à l'E., et le Grand Océan, à l'O., et se termine vers le S. par l'isthme
de Panama, qui l'unit à l'Amérique méridionale. Le détroit de Bering,
au N. O., la sépare de l'Asie. Au N., vers l'océan Glacial, ses limites
sont encore incertaines : on sait, il est vrai, à peu près où se termine
le continent, mais il y a plus loin des îles dont on n'a pu déterminer
les bornes. Si l'on ne considère que les parties connues, l'Amérique
septentrionale est comprise à peu près entre 8° et 78° de lat. N., et entre 20° et 71° de long. O. — Ses côtes sont très-irrégulières : parmi les
mers et les golfes que forment ses trois océans, on remarque la mer
Polaire, la mer de *Buffin*, la mer d'*Hudson*, au N. ; le golfe *Saint-
Laurent*, à l'E. ; le golfe du *Mexique* et la mer des *Antilles*, au S. E. ;
la mer *Vermeille* ou golfe de *Californie*, et la mer de *Bering*, à l'O.

§ 2. Montagnes. — Rivières. — Lacs.

Une grande chaîne de montagnes s'étend dans toute la longueur de
l'Amérique sept., en séparant les eaux tributaires du Grand Océan de
celles qui se rendent dans l'Atlantique, l'océan Glacial et leurs divisions :
elle porte au N. le nom de monts *Rocheux* ; au S., ceux de *Sierra-
Verde, Sierra-Madre, Cordillère d'Anahuac* et *Cordillère de Guatemala*. — On remarque dans la partie orientale les monts *Alleghany*,
qui se dirigent du N. E. au S. O.
Fleuves principaux du versant à l'E. des monts Rocheux : le *Mackenzie*, le fleuve de la *Mine de cuivre*, le *Back*, se rendent dans la
mer Polaire ; — le *Churchill* ou *Missinnippi*, dans la mer d'Hudson ;
— le *Saint-Laurent*, dans le golfe du même nom ; — le *Mississipi*,
grossi du *Missouri*, dans le golfe du Mexique ; — le *Rio del Norte*,
dans le même golfe.

Fleuves du versant occidental : la *Columbia* ou *Orégon* se jette dans le Grand Océan ; — le *Rio Colorado*, dans la mer Vermeille.

Il y a dans l'Amérique septentrionale un grand nombre de lacs, surtout vers le N., où l'on remarque le lac du *Grand Ours*, le lac de l'*Esclave*, le lac *Athabasca* ou des *Montagnes*, qui s'écoulent dans la mer Polaire par le Mackenzie ; — le lac *Ouinipeg*, qui s'écoule dans la mer d'Hudson ; — le lac *Supérieur* (le plus grand du globe après la mer Caspienne), et les lacs *Michigan*, *Huron*, *Érié* et *Ontario*, qui communiquent les uns aux autres, et qui versent leurs eaux dans la mer par le Saint-Laurent. — Au S., dans la partie resserrée entre le Grand Océan et la mer des Antilles, on voit le lac *Nicaragua*, qui envoie ses eaux à cette mer, et qu'on s'occupe de joindre au Grand Océan par un canal.

§ 3. Principaux états. — Possessions des nations européennes, etc.

L'Amérique septentrionale se divise en sept parties principales :

Au N. E., le GROENLAND (c'est-à-dire *terre verte*), pays très-froid, dont les bornes sept. sont inconnues, et qui est séparé du reste de l'Amérique par la mer de Baffin et le détroit de Davis ; les indigènes sont les *Eskimaux*, peuple très-petit ; les Danois ont quelques établissements sur la côte occidentale.

Au N., la NOUVELLE-BRETAGNE ou AMÉRIQUE SEPTENTRIONALE ANGLAISE, qui comprend, à l'E., la presqu'île de *Labrador*, et, au S. E., plusieurs provinces anglaises importantes, c'est-à-dire, le *Haut-Canada*, le *Bas-Canada*, où se trouvent les villes de *Québec* (30,000 h.) et de *Montréal*, sur le Saint-Laurent ; le *Nouveau-Brunswick*, la presqu'île de *Nouvelle-Écosse* ou *Acadie*. Dans le reste de la Nouvelle-Bretagne, habitent de nombreuses tribus d'Indiens : les *Chipeouays*; les *Algonquins*, les *Knistinaux*, les *Grands Eskimaux*, etc.

Au N. O., la RUSSIE AMÉRICAINE, dont on ne connaît presque que les côtes : il y a quelques établissements russes.

Au milieu, les ÉTATS-UNIS, vaste et puissante république. (V. la description qui en est faite plus loin.)

Au S., trois républiques, anciennement soumises à l'Espagne, et où règne la religion catholique : 1° le MEXIQUE, entre le golfe du Mexique et le Grand Océan ; il renferme au S. E. la presqu'île de *Yucatan*, et à l'O. celle de *Californie*; capitale, *Mexico*, belle ville (200,000 h.); autres villes remarquables : *Guanaxuato* (60,000 h.), renommée par ses mines d'argent ; *Queretaro*, *La Puebla* (70,000 h.), *La Vera-Cruz*, place très-commerçante, sur le golfe du Mexque ; *Campéche*, autre port de mer, renommé par son bois de teinture, sur une baie du même nom ; *Acapulco*, port sur le Grand Océan ; *Oaxaca ; Chiapa* ou *Ciudad-Real*, dans le voisinage de laquelle sont les ruines de *Palenque*, les plus remarquables de l'Amérique. — 2° Le TEXAS, qui s'est séparé récemment du Mexique, et qui est renfermé entre celui-ci et les États-Unis ; il n'y a aucune ville considérable. — 3° Le GUATEMALA ou l'AMÉRIQUE CENTRALE, pays long et étroit, resserré entre la mer des Antilles et le Grand Océan ; capitale, *Guatemala* (45,000 hab.), sur cet océan ; autres villes : *San-Salvador*, *Léon*, *Nicara-*

gua, Cartago. — Les *Mosquitos* sont une nation indigène indépendante, dans la partie orientale du Guatemala. — Les Anglais ont, entre cette république et celle du Mexique, une colonie qu'on appelle *Yucatan anglais* ou *Balize*, et qui est destinée surtout à l'exploitation du bois de Campêche.

§ 4. Iles.

Outre les grandes îles dont se compose le Groenland, et les îles peu connues qui se trouvent au N. de la Nouvelle-Bretagne, les seules îles remarquables qui, dans l'océan Glacial, se rattachent à l'Amérique septentrionale, sont celles du *Spitzberg*, au N. E.

Dans l'Atlantique, on trouve : *Terre-Neuve*, qui appartient aux Anglais, et au S. E. de laquelle est le grand banc du même nom, connu par la pêche de la morue ; les petites îles *Saint-Pierre* et *Miquelon*, situées près et au S. de Terre-Neuve, et dépendantes de la France ;—l'île *Royale* ou de *Cap-Breton* et l'île du *Prince-Édouard* ou *Saint-Jean*, à l'Angleterre, dans le S. du golfe Saint-Laurent ; — les *Bermudes*, petites îles très-loin du continent, à la même puissance ; — l'archipel des *Antilles*, dont une partie seulement peut se rattacher à l'Amérique septent. : ce sont les *Antilles* du N., formant deux groupes : les îles *Lucayes* ou *Bahama* et les *Grandes Antilles*. Les îles Lucayes, dépendantes des Anglais, sont placées sur deux bancs de sable, le grand et le petit banc de Bahama ; une des principales est *Cat-Island*, généralement considérée comme la même que l'île de *San-Salvador* ou *Guanahani*, la première terre que découvrit Christophe Colomb, en 1492. Les Grandes Antilles sont au nombre de quatre : 1° *Cuba*, aux Espagnols ; capitale, *La Havane* (60,000 h.), avec un excellent port ; 2° *Haïti* ou *Saint-Domingue*, autrefois partagée entre les Français et les Espagnols, aujourd'hui république, et habitée surtout par des nègres et des mulâtres : capitale, *Port-au-Prince ;* autres villes : *Le Cap-Français, Saint-Domingue* ; 3° la *Jamaïque*, aux Anglais ; 4° *Porto-Rico*, aux Espagnols.

Dans le Grand Océan, on remarque : à l'O. du Mexique, les îles *Revillagigedo ;* — sur la côte de la Nouvelle-Bretagne, l'île *Quadra-et-Vancouver* ou *Noutka ;*—et vers la Russie américaine, les archipels du *Prince de Galles*, du *Roi George III*, et la longue chaîne des îles *Aléoutes* ou *Aléoutiennes*, qui bordent, au S., la mer de Bering, et dont la principale est *Kodiak* ou *Kikhtak*.

XLIX

ÉTATS-UNIS. — 1. LIMITES. — RIVIÈRES. — MONTAGNES. — 2. POPULA-TION. — DIVISION. — 3. GOUVERNEMENT. — RELIGION. — 4. VILLES PRINCIPALES.

§ 1. Limites. — Rivières. — Montagnes.

Les États-Unis occupent le milieu de l'Amérique sept., et s'étendent depuis l'Atlantique, à l'E., jusqu'au Grand Océan, à l'O. Ils sont bornés au S. par le golfe du Mexique, au S. O. par le Texas et le Mexique,

vers lesquels leur limite est en partie marquée par les rivières Sabine,
Rouge et Arkansas; au N., par la Nouvelle-Bretagne, vers laquelle ils
ont pour frontières les lacs Supérieur, Huron, Érié, Ontario et le cours
supérieur du Saint-Laurent.

La plus grande partie des États-Unis est comprise dans l'immense
bassin du *Mississipi*, qui s'étend entre les monts *Alleghany*, à l'E., et
les monts *Rocheux*, à l'O. Ce grand fleuve traverse, du N. au S., la
confédération, et se jette dans le golfe du Mexique, après un cours de
plus de 1,000 lieues. Il reçoit, à droite, le *Missouri*, qui descend des
monts Rocheux et a un cours de 1,100 lieues; l'*Arkansas*, la *rivière
Rouge*; — à gauche, l'*Illinois*, l'*Ohio*, grossi lui-même du *Wabash*,
du *Tennessee*, etc.

Parmi les cours d'eau qui coulent à l'E. des monts Alleghany et se
jettent dans l'Atlantique immédiatement, les principaux sont · le *Connecticut*, l'*Hudson*, la *Delaware*, la *Susquehanna*, le *Potomac*, la
Savannah. — A l'O. des monts Rocheux, se trouve l'*Orégon* ou *Columbia*, qui se grossit du *Clark* et du *Lewis*, et se rend dans le Grand
Océan. — Des différents canaux naturels qui font communiquer entre
eux les grands lacs du nord, le plus célèbre est le *Niagara*, qui verse
les eaux du lac Érié dans le lac Ontario, et qui forme une magnifique
cataracte.

§ 2. Population. — Division

La pop. des États-Unis s'élève à 17,000,000 d'h., et s'accroît avec
une prodigieuse rapidité.

Cette grande confédération se compose de vingt-six *états;* elle
comprend, en outre, un petit *district*, qui est le siége du gouvernement
général, trois *territoires* qui ne jouissent pas des droits politiques,
et un *district non organisé*, qui n'est presque peuplé que d'Indiens.

On distingue les vingt-six états en états de l'E., du milieu, du S
et de l'O.

ÉTATS DE L'E. : *Maine*, *New-Hampshire*, *Vermont*, *Massachusetts*, *Rhode-Island*, *Connecticut*. C'est ce qu'on appelait autrefois
la Nouvelle-Angleterre.

ÉTATS DU MILIEU : *New-York*, *Pennsylvanie*, *New-Jersey*, *Delaware*.

ÉTATS DU S. : *Maryland*, *Virginie*, *Caroline du nord*, *Caroline
du sud*, *Georgie*, *Alabama*, *Mississipi*, *Louisiane*. — Le petit district de *Columbia*, siége du gouv., est entre les états de Maryland et
de Virginie.

ÉTATS DE L'O. : *Tennessee*, *Kentucky*, *Ohio*, *Michigan*, *Indiana*,
Illinois, *Missouri* et *Arkansas*.

Les territoires sont : le *Wisconsin* et l'*Iowa*, au N. O., et la *Floride*,
presqu'île qui s'avance à l'extrémité S. E. de la république. — Le district
non organisé est le grand *district Occidental*, où habitent d'innombrables tribus d'Indiens, les *Sioux*, les *Osages*, les *Kansas*, les *Mis-
souris*, les *Mandanes*, les *Têtes-Plates*, etc.

§ 3. Gouvernement. — Religio

Les vingt-six états forment autant de républiques distinctes, qui
ont leurs lois particulières et leurs administrations spéciales pour tou-

tes les affaires purement locales ; mais les grands intérêts de la confédération sont confiés à un gouvernement électif, composé d'un *président*, qui possède la puissance exécutive, et d'un *congrès* de deux chambres législatives, savoir : le *sénat*, dont chaque état fournit deux membres, et la *chambre des représentants*, dont chaque membre représente 40,000 h. Le président est élu pour quatre ans par un nombre d'électeurs égal à celui des sénateurs et des représentants réunis.

Il n'y a point aux États-Unis de religion dominante : tous les cultes y sont admis et protégés. Les protestants sont fort nombreux : les deux sectes les plus répandues sont les épiscopaux (à peu près même dogme que celui des anglicans des îles Britanniques) et les presbytériens ; viennent ensuite les baptistes ou mennonites, les méthodistes, les quakers, etc. Les catholiques sont en majorité dans le Maryland et la Louisiane.

Les habitants d'origine européenne qui peuplent les États-Unis appartiennent à des nations très-diverses : mais la population d'origine anglaise est en majorité. L'esclavage existe encore dans une grande partie de l'Union.

§ 4. Villes principales.

WASHINGTON, capitale de la confédération, dans le district de Columbia, sur le Potomac, est une très-grande ville, mais qui n'a encore qu'environ 20,000 h. ; on y remarque le bel édifice du Capitole, où siège le congrès.

Dans les états de l'E. : *Boston*, chef-lieu du Massachusetts, avec un beau port (80,000 hab.). — Dans les états du milieu : *New-York*, dans l'état du même nom, à l'embouchure de l'Hudson (300,000 h.), première ville de l'Amérique par la pop., le commerce et la richesse ; *Philadelphie*, très-belle ville, dans la Pennsylvanie, sur la Delaware, près de son embouchure (200,000 h.) ; *Pittsburg*, la ville la plus industrieuse d'Amérique, sur l'Ohio, aussi dans la Pennsylvanie (30,000 h.) — Dans les états du S. : *Baltimore*, port très-commerçant, sur la baie *Chesapeak*, dans le Maryland (100,000 h.) ; *Richmond*, chef-lieu de la Virginie ; Chesapeak, port très-commerçant, dans la Caroline du S. (30,000 h.) ; la *Nouvelle-Orléans*, chef-lieu de la Louisiane, sur le Mississipi, avec un port très-fréquenté (60,000 h.).—Dans les états de l'O. : *Louisville*, dans le Kentucky, sur l'Ohio ; *Cincinnati*, dans l'état d'Ohio, sur la rivière de ce nom ; *Saint-Louis*, dans l'état de Missouri, sur le Mississipi, vers le confluent du Missouri.

L.

AMÉRIQUE MÉRIDIONALE. — 1. FORME ET ÉTENDUE.—2. RIVIÈRES. — MONTAGNES. — VOLCANS. — 3. PRINCIPAUX ÉTATS. — POSSESSIONS DES NATIONS EUROPÉENNES. — LEURS LIMITES. — LEUR DIVISION. — LEURS HABITANTS. — LEUR GOUVERNEMENT. — LEUR RELIGION. — VILLES PRINCIPALES. — 4. ILES.

§ 1. Forme et étendue.

L'Amérique méridionale a, comme l'Afrique, la forme d'un triangle, dont le plus grand côté est à l'O., sur le Grand Océan ; les autres côtés sont au N. E. et au S. E., sur l'Atlantique. Il y a aussi, comme en Afrique, vers les points cardinaux, quatre caps remarquables : le cap *Gallinas*, au N.; le cap *Saint-Roch*, à l'E.; le cap *Blanc*, à l'O.; et le cap *Horn*, au S. Les côtes sont généralement régulières. Cette contrée s'étend entre 13° de lat. N. et 56° de lat. S., et entre 37° et 84° de long. O. Sa longueur est d'environ 1,700 lieues, du N. au S.; et sa largeur, de 1,250 lieues, de l'E. à l'O.

§ 2. Rivières. — Montagnes. — Volcans

Une grande chaîne de montagnes, nommée *Cordillère des Andes*, s'étend depuis l'isthme de Panama jusqu'à l'extrémité S. de l'Amérique mérid., et divise cette contrée en deux versants, l'un vers l'Atlantique, l'autre, beaucoup plus étroit, vers le Grand Océan. Sur le premier, on remarque : parmi les tributaires de la mer des Antilles, la *Madeleine* ou *Magdalena*; — parmi les tributaires de l'Atlantique, l'*Orénoque*, l'*Essequebo*, l'*Amazone*, fleuve très-large, long de plus de mille lieues, et qui se grossit du *Rio Negro*, de la *Madeira*, du *Xingu*; le *Tocantins*, le *Saint-François*, le *Rio de la Plata*, formé par la réunion de l'*Uraguay* et du *Parana*, augmenté lui-même du *Paraguay*; le *Rio Negro* du S. — Il n'y a aucun fleuve remarquable sur le versant occidental.

Les plus hauts sommets de la Cordillère des Andes se trouvent vers le milieu de cette chaîne, entre le 15e et le 33e degré de lat. S.: ce sont les monts d'*Illimani*, de *Sorata*, d'*Aconcagua*, élevés de 7 à 8 mille mètres. Dans le N., vers l'équateur, on remarque les grands pics volcaniques du *Chimborazo*, du *Cayambé*, du *Cotopaxi*, du *Pichincha*, de l'*Antisana*. Ce dernier est le plus haut de tous les volcans du globe; le *Cotopaxi* est celui qui fait les plus fortes éruptions.

Une grande branche se sépare de la Cordillère, court à l'E., et se termine au cap Saint-Roch : elle porte successivement les noms de *Campos Parexis* et de *Serra dos Vertentes*. — La *Serra do Espinhaço* s'y rattache.

§ 3. Principaux États. — Possessions des nations européennes, etc.

L'Amérique méridionale comprend quatorze contrées : il y en a deux au N. : la COLOMBIE et la GUIANE.

La Colombie est baignée au N. par la mer des Antilles; à l'O., par le Grand Océan; elle est divisée en trois républiques, formées d'anciennes colonies espagnoles : 1° la NOUVELLE-GRENADE, dans laquelle est compris l'isthme de Panama; capitale, *Santa-Fe de Bogota* (40,000 h.); autres villes : *Popayan*, *Carthagène des Indes*, port de mer très-commerçant, vers l'embouchure de la Madeleine; *Panama*, sur l'isthme et sur le golfe du même nom; — 2° la république de l'ÉQUATEUR, située au S. de la Nouvelle-Grenade, et baignée à l'O. par le Grand Océan; capitale, *Quito* (70,000 h.), sur le flanc du Pichincha, et presque sous l'équateur; autres villes : *Guayaquil*, port de mer, vers le golfe du même nom; *Cuenca*; *Loxa*, célèbre par son quinquina et sa cochenille; — 3° le VENEZUELA, à l'E. de la Nouvelle-Grenade, sur la mer des Antilles, l'Atlantique et les rives de l'Orénoque; il renferme, au N. O., le grand lac Maracaybo ; capitale, *Caracas*, près de la mer des Antilles, avec le port de *La Guayra*; autres villes : *Maracaybo*, sur le détroit qui réunit le golfe et le lac de Maracaybo ; *Cumana*, sur le golfe de Cariaco.

La Guiane, grand pays environné par l'Orénoque, le Rio Negro, l'Amazone et l'Atlantique, a été divisée en cinq parties : la GUIANE ES-PAGNOLE (actuellement réunie au Venezuela), la GUIANE PORTUGAISE (réunie au Brésil), et les GUIANES FRANÇAISE, HOLLANDAISE et ANGLAISE. Ces trois dernières sont les seules qui aient aujourd'hui une existence séparée. La Guiane française, la plus orientale et la plus considérable des trois, a pour capitale *Cayenne*, sur une île du même nom. — La Guiane hollandaise a pour capitale *Paramaribo*, sur le Surinam. — La capitale de la Guiane anglaise est *Stabroek*. — Parmi les indigènes des Guianes, on remarque les *Galibis*, dans la Guiane française, et les *Caraïbes*, dans la Guiane espagnole.

L'E. et le centre de l'Amérique méridionale sont occupés par le BRÉSIL, empire constitutionnel, formé d'une ancienne colonie portugaise ; c'est la plus grande contrée de l'Amérique méridionale. Ses principales provinces sont celles de *Para*, au N. ; *Maranham*, *Pernambouc* ou *Fernambouc*, *Bahia*, *Rio de Janeiro*, à l'E. ; *Saint-Paul*, *Rio-Grande*, au S. ; *Minas-Geraes* et *Goyaz*, au centre ; *Matto-Grosso*, à l'O. — Capitale, *Rio de Janeiro* (150,000 h.), dans une situation magnifique, sur la baie du même nom. — Autres villes : *Para* ou *Belem*, vers l'embouchure du Tocantins ; *Saint-Louis de Maranham*, sur l'île de Maranham ; *Recife* ou *Pernambouc* (vulgairement *Fernambouc*), port de mer très-commerçant (60,000 h.) ; *San-Salvador* ou *Bahia* (120,000 h.), sur la baie de Tous-les-Saints, qui forme un port magnifique ; *Saint-Paul*; *Portalegre* et *Rio-Grande*, vers le lac dos Pathos, près de l'extrémité mérid. du Brésil. — Parmi les indigènes de cet empire, on distingue les Topinambous, qui habitent vers le Tocantins.

A l'O., il y a trois républiques, anciennes possessions espagnoles : le PÉROU, la BOLIVIE et le CHILI. — Le Pérou, situé au S. de la Colombie, sur la côte du Grand Océan, et traversé par la Cordillère des Andes, a pour capitale *Lima*, à 2 lieues de la mer (80,000 h.) ; *Callao* lui sert de port. Autres villes : *Guamanga*, *Arequipa*, *Cuzco*, ancienne capitale de l'empire des Incas.—La Bolivie, appelée aussi *Haut-Pérou*, est située au S. E. du Pérou, dont elle est en partie séparée par le grand lac Titicaca ; elle s'avance jusqu'au Grand Océan, vers le S. O., où elle renferme le désert d'*Atacama*; capitale, *Chuquisaca* ou *La Plata* (20,000 h.), célèbre par ses mines d'argent. Autres villes : *La Paz*, fameuse par ses mines d'or ; *Potosi*, par ses mines d'argent ; *Cochabamba*. Les *Moxos* et les *Chiquitos* sont deux nations indigènes assez importantes de la partie orientale de la Bolivie. — Le Chili est un pays très-long et très-étroit, resserré entre les Andes et le Grand Océan, au S. O. de la Bolivie ; capitale, *Santiago* (50,000 h.). Autres villes : *Valparaiso*, *Coquimbo*, *Valdivia*, ports de mer. Dans le S. du Chili habitent les *Aucas* ou *Araucanos*, indigènes courageux, fiers et industrieux, que les Espagnols n'ont jamais pu soumettre, et qui ne se sont pas non plus réunis à la nouvelle république chilienne.

Au S., sont quatre contrées : le BUENOS-AYRES, le PARAGUAY, la république ORIENTALE DE L'URUGUAY et la PATAGONIE. — Le Buenos-Ayres, qu'on appelle aussi république de *la Plata*, ou république *Argentine*, s'étend à l'E. du Chili, au S. E. de la Bolivie, au S. O. du Brésil, et s'avance au S. E. jusqu'à l'Atlantique, où il possède la côte renfermée entre l'embouchure du Rio de la Plata et celle du Rio Negro du S. C'est une ancienne colonie espagnole ; capitale, *Buenos-Ayres* (65,000 h.), sur la rive droite du Rio de la Plata. Autres villes : *Santa-Fe*, sur le Parana ; *Mendoza*, vers les Andes ; *Tucuman*, dans le N. — Le Paraguay, autrefois soumis à l'Espagne, est un petit état gouverné aujourd'hui par un dictateur ; il se trouve entre le Brésil et Buenos-Ayres, et a pour bornes à l'E. et au S. le Parana, à l'O. la rivière à laquelle il doit son nom ; capitale, l'*Assomption*, sur le Paraguay. — La république orientale de l'Uruguay est renfermée entre le Brésil, à l'E., la rivière Uruguay, à l'O., et le Rio de la Plata et l'Atlantique, au S. Il a aussi appartenu à l'Espagne ; capitale, *Monte-Video*, sur le bord septentrional de Rio de la Plata. — La Patagonie, située à l'extrémité méridionale de l'Amérique, est resserrée entre le Grand Océan et l'Atlantique. Elle n'est habitée que par des peuples sauvages, nommés *Patagons* ou *Téhuelhets*.

La religion catholique règne dans tous les nouveaux états formés des vastes colonies espagnoles et portugaises de l'Amérique méridionale. Un assez grand nombre d'indigènes se sont convertis au christianisme. L'esclavage des nègres est encore en vigueur dans la plus grande partie de cette contrée.

§ 4. Îles.

Les Antilles du S., ou les *Petites Antilles*, peuvent être rattachées à l'Amérique mérid. ; elles se divisent en deux parties : les *îles du Vent* ou *Caraïbes*, situées à l'E et alignées du N. au S., et les *îles sous le Vent*, à l'O., le long de la côte sept. de l'Amérique du S.—Les principales îles du Vent sont : la *Guadeloupe*, la *Martinique*, importantes colonies françaises ; *Saint-Christophe*, *Antigoa*, la *Dominique*, *Sainte-Lucie*, la *Barbade*, *Saint-Vincent*, la *Grenade*, *Tabago*, la *Trinité*, colonies anglaises ; *Sainte-Croix*, aux Danois. — Les principales îles sous le Vent sont : la *Marguerite*, qui appartient au Venezuela ; *Curaçao*, aux Hollandais.

Dans le Grand Océan, on remarque : à l'O. de la Colombie, sous l'Équateur, les îles *Galapagos* ; — à l'O. du Chili, l'île de *Juan-Fernandez* ; au S. de la même contrée, l'archipel de *Chiloé* ; — et sur la côte occid. de la Patagonie, l'archipel de la *Mère de Dieu*.

A l'extrémité mérid. de l'Amérique, se trouve l'archipel froid et stérile de la *Terre de Feu*, séparé du continent par le détroit de Magellan. — A l'E. de cet archipel, on trouve l'île des *États*, et au N. E., les îles *Malouines* ou *Falkland*, où les Anglais, le Buenos-Ayres et le Brésil ont de petits établissements. — En s'avançant beaucoup plus à l'E., on rencontre l'île *Saint-Pierre* ou la *Nouvelle-Georgie* ; et au loin vers le S. E. et le S., sont les terres désertes et glacées de *Sandwich*, du *Nouveau-Shetland méridional*, des *Oreades méridionales* et de la *Trinité*.

FIN DE LA GÉOGRAPHIE.